새롭게 바뀐 TOPIK
초급 읽기

새롭게 바뀐 TOPIK 초급 읽기

초판 발행 2014년 7월 14일
2쇄 발행 2016년 9월 30일

지 은 이 이혜원 · 김수현 · 김은기 · 송영숙
펴 낸 이 박찬익
편 집 장 김려생
책임편집 박예진

펴 낸 곳 도서출판 박이정
주   소 서울시 동대문구 천호대로 16가길 4
전   화 (02)922-1192~3
팩   스 (02)928-4683
홈페이지 www.pjbook.com
이 메 일 pijbook@naver.com
등   록 1991년 3월 12일 제1-1182호
I S B N   978-89-6292-666-8 (13710)

* 책값은 뒤표지에 있습니다

새롭게 바뀐

TOPIK 초급

읽기

이혜원 · 김수현 · 김은기 · 송영숙 지음

도서
출판 박이정

국제 한국어 교육자 협회 소개

　이 책의 출간에 도움을 준 국제 한국어 교육자 협회는 2011년 4월에 창립한 한국어 교사를 위한 단체입니다. 현재 서울시 비영리 단체에 소속 되어 있으며, 한국어 교육으로 봉사를 할 수 있는 봉사수급 단체로 등록되어 있습니다. 2011년 창설 이래 현직의 한국어교사는 물론 한국어 교사를 희망하는 이들을 대상으로 특강 및 워크숍, 교재 편찬, 연구 모임이 이루어졌으며, 현재는 한국뿐만 아니라 일본이나 중국, 태국, 미국 등 다양한 국가의 한국어 교사들과 함께 한국어 교육의 미래와 새로운 도약을 준비하고 있습니다. 또한 한국어 교사의 정보 교류와 친목을 위해 만들어진 '국제 한국어 교육자 협회' 네이버 카페는 네이버 상위 1%의 대표 카페로 자리 매김했으며, 한국어 교사와 한국어 교육을 사랑하는 이들의 보금자리가 되고 있습니다. 앞으로도 우리 협회는 한국어를 사랑하고 한국어 교육을 위해 큰 뜻을 펼치는 모든 이들을 위해 앞장 서서 준비하고 계획할 것입니다.

국제 한국어 교육자 협회 로고 소개

　'ㄱ'과 'ㄴ'의 조화를 바탕으로 한국어를 아끼고 사용하는 교육자들의 열정과 마음을 새싹이 피어나는 모습으로 만들어 보았습니다. 올바른 한국어 교육의 미래와 희망을 키워가는 협회의 취지와 목표를 담고 있습니다.

국제 한국어 교육자 협회의 주요 사업 소개

협회의 주요 목표와 방향

협회는 질적으로 우수한 한국어교사의 재교육을 위한 '연구' 모임을 주목적으로, 국내외 한국어교사를 위한 '지원' 활동, 한국어교사의 자발적인 참여를 통한 '봉사', 끊임없는 자기계발과 미래의 가치 창조를 위한 정보의 '나눔'을 목표로 쉼 없이 달려가고 있습니다.

주요 활동 소개

교재 출판 모임 지원	한국어 교사들의 현장에서의 경험과 지혜를 살릴 수 있는 교재 출판 지원
정기 특강	자칫 정체될 수 있는 한국어 교사의 질적인 성장을 위해 매년 두 차례 이상 각 분야의 전문가를 초청한 특강 실시
연구 모임 지원	자발적으로 문형과 교안을 연구하거나 논문을 준비하는 교사들을 대상으로 구성원 모집 지원 및 장소 지원
한글날 관련 행사	한국어 퀴즈 대회, 부교재 공모전, 사진 콘테스트 등 한글날과 관련한 온·오프라인 행사
한국어교사 지원	한국어 교사에게 필요한 온라인 강좌나 서적 구매, 자원 봉사 활동 등을 할 수 있도록 관련 단체 및 기관과의 협약
온라인 커뮤니티 활성화	네이버 대표 카페 '국제 한국어 교육자 협회'를 통해 채용 정보, 교육 정보 등의 다양한 정보 지원 및 교사 간의 소통의 장 마련

◆ 국제 한국어 교육자 협회 회장 고경민 대표 이메일 iakll@iakll.or.kr

◆ 전화 : 0505-3055-114　　팩스 : 02-6280-1018

◆ 국제 한국어 교육자 협회 누리집 : www.iakll.or.kr

◆ 국제 한국어 교육자 협회 커뮤니티 : http://cafe.naver.com/forkorean

◆ 주소 : (강동사무실) 서울시 강동구 올림픽로 698 민호빌딩 4층

　　　　 (구로사무실) 서울시 구로구 구로중앙로 217-1 미성빌딩 5층

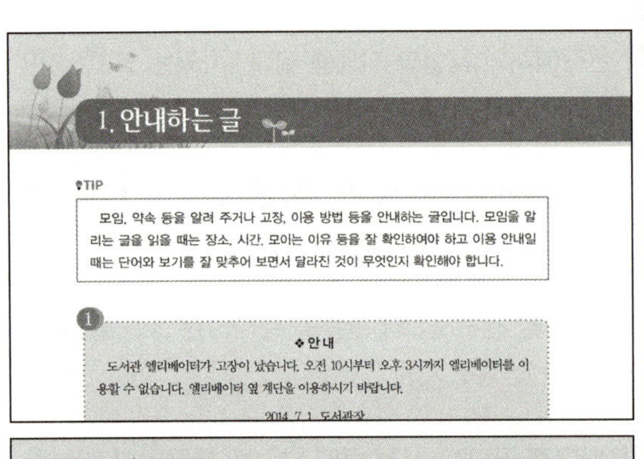

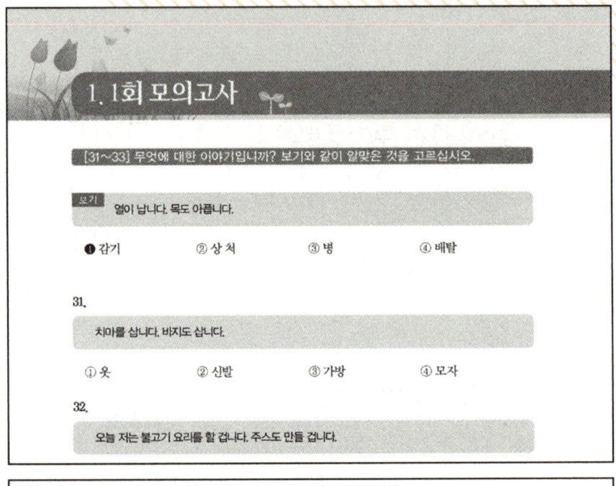

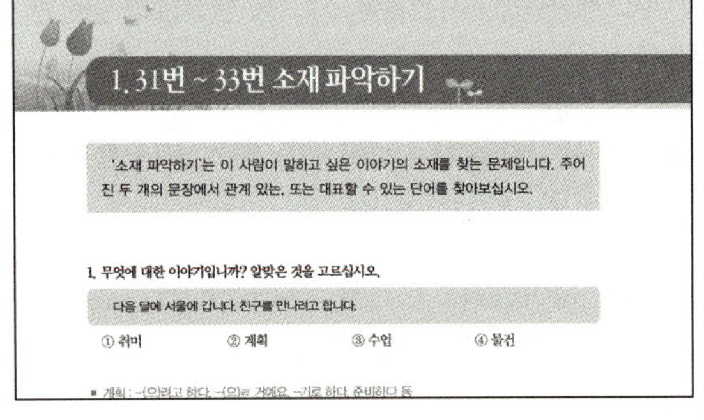

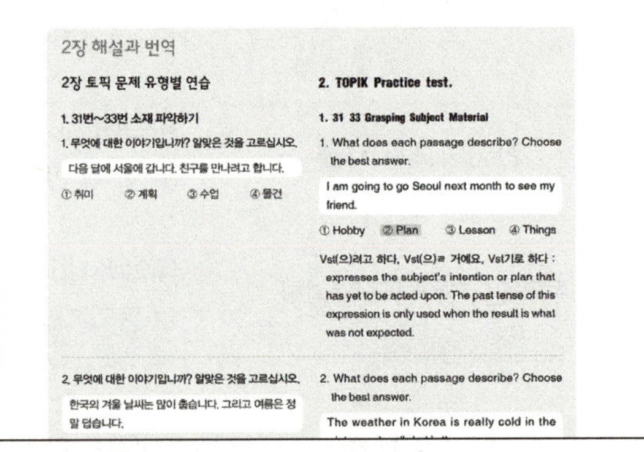

<table>
<tr><td>다양한 유형의 글을 읽고 정확히 이해했는지 확인해 봅시다.</td><td>모의고사를 통해 자신의 실력을 점검해 봅시다.</td></tr>
<tr><td></td><td>비슷한 유형의 문제로 집중 연습해 봅시다.</td><td>번역을 참고하여 모르는 부분을 확실히 알고 넘어갑시다.</td></tr>
</table>

1장은 토픽에 나오는 여러가지 유형의 글을 통해서 읽는 능력을 키울 수 있도록 하였습니다.

· 읽기는 글을 읽고 내용을 바르게 이해하는 것이 가장 중요합니다. 따라서 1장에서는 초급 학습자가 접할 수 있는 안내하는 글, 초청하는 글, 경험이나 느낌을 나타낸 글 등 다양한 읽기 텍스트 유형을 실었습니다. 또한 텍스트 유형에 따라 글을 정확하게 파악하려면 무엇을 주요하게 살펴봐야 하는지 제시했습니다.

2장은 새로운 문항틀의 기능을 분석한 번호별 연습문제를 실었습니다.

· 2014년 7월 이후 새롭게 바뀐 시험 유형을 번호순서와 기능별로 나누었습니다. 공부하면서 가장 어려웠던 유형의 문제를 바로 찾아서 이해할 수 있도록 설명해 드립니다.
· 난이도별로 연습문제를 풀어보시고 어려우면 해설의 도움을 받으시면 됩니다.

3장은 유형별 연습문제를 토대로 한 모의고사를 3회에 걸쳐서 실었습니다.

· 새로 바뀐 실제 토픽 시험과 같은 구성의 모의고사로 되어 있습니다.
· 자주 틀리거나 이해하기 어려운 문제는 1장의 해당번호 연습문제를 다시 풀어 보십시오.

Contents

토픽에 나오는 텍스트 유형 글 읽기

토픽에 나오는 텍스트 유형 글 읽기

1. **안내하는 글** : 고장(엘리베이터), 모임(경복궁), 시설이용(체육관), 텔레비전 프로그램

2. **초대하는 글** : 결혼식, 생일, 집들이, 전시(영화)

3. **광고하는 글** : 회원 모집(기타), 세일 (그릇) , 안경점 행사, 애완동물 분양

4. **요구나 요청하는 글** : 개학 안내, 교환, 수업 문의, 예약

5. **정보를 전달하는 글** : 인터넷 쇼핑, 건강(감기), 취미 활동(중학생), 동물원

6. **경험이나 느낌을 나타내는 글** : 취미, 운동(골프), 좋아하는 계절(봄), 집들이

1. 안내하는 글

모임, 약속 등을 알려 주거나 고장, 이용 방법 등을 안내하는 글입니다. 모임을 알리는 글을 읽을 때는 장소, 시간, 모이는 이유 등을 잘 확인하여야 하고 이용 안내일 때는 단어와 보기를 잘 맞추어 보면서 달라진 것이 무엇인지 확인해야 합니다.

1

❖ 안내

도서관 엘리베이터가 고장이 났습니다. 오전 10시부터 오후 3시까지 엘리베이터를 이용할 수 없습니다. 엘리베이터 옆 계단을 이용하시기 바랍니다.

2014. 7. 1. 도서관장

1. 무엇에 대한 글입니까? _________________ 고장 안내

2. (   )안에 가장 알맞은 것을 고르십시오.

> 도서관 엘리베이터를 이용하지 못하는 시간은 (   )입니다.

① 오전 10시부터 오후 3시까지
② 오후 10시부터 오후 3시까지
③ 오전 10시 30분부터 오후 3시까지
④ 오전 3시부터 오후 10시 30분까지

3. 이 글의 내용과 같은 것을 고르십시오.

① 도서관에는 엘리베이터가 없습니다.
② 엘리베이터 옆에는 계단이 있습니다.
③ 오늘은 도서관을 이용할 수 없습니다.
④ 내일까지 도서관 엘리베이터를 이용할 수 없습니다.

2

> ❖ **경복궁 모임 안내**
>
> 3월 모임은 경복궁에서 합니다. 경복궁은 옛날에 왕이 산 곳입니다.
> 그리고 (   ) 오래된 건물이 있는 아름다운 곳입니다.
> 함께 경복궁에서 모여서 즐거운 시간 보내요!
>
> 회비 : 5,000원
> 만나는 시간 : 오전 9시
> 만나는 장소 : 3호선 경복궁역 3번 출구 앞

1. 경복궁에는 누가 살았습니까?

2. (   )에 알맞은 것을 고르십시오.
   ① 매우　　　　　② 보통　　　　　③ 전혀　　　　　④ 항상

3. 이 글의 내용과 같은 것을 고르십시오.
   ① 오래된 건물을 보려고 합니다.
   ② 경복궁은 기차를 타고 갑니다.
   ③ 경복궁에는 지금의 왕이 삽니다.
   ④ 경복궁 안에서 만나기로 했습니다.

❖ 체육관 이용 안내

평일 06:00 ~ 24:00   토요일 09:00 ~ 20:00

휴무 : 매주 일요일 / 셋째 주 토요일

*샤워실은 끝나는 시간 5분 전까지 비워 주세요.

1. 무엇에 대한 글입니까? ________________ 이용 안내

2. (   )안에 가장 알맞은 것을 고르십시오.

> (   )에는 체육관을 이용할 수 없습니다.

① 매주 월요일 오후

② 평일 오후 1시부터 3시 사이

③ 평일 새벽 1시부터 5시 사이

④ 토요일 오전 9시부터 10시 사이

3. 위의 내용에 맞지 <u>않는</u> 것을 고르십시오.

① 체육관에는 샤워실이 있습니다.

② 매주 토요일에는 운동을 할 수 없습니다.

③ 체육관이 끝나기 5분 전까지 샤워를 끝내야 합니다.

④ 평일 이용 시간은 아침 9시부터 저녁 12시까지입니다.

4

> ❖ **5월 9일 목요일 오후 텔레비전 프로그램 안내**
>
> 6시 ~ 7시   고향이 좋아요
>
> 7시 ~ 8시   다함께 노래해요
>
> 9시 ~ 10시   뉴스와 오늘
>
> 10시 ~ 11시   별에서 온 사랑
>
> 오늘도 SCS 텔레비전과 함께 (   )

1. 무엇에 대한 글입니까?

2. ( )에 알맞은 것을 고르십시오.

   ① 고향에 가 보세요.

   ② 아침 드라마를 보세요.

   ③ 프로그램을 해 보세요.

   ④ 즐거운 시간을 보내세요.

3. 위의 내용에 맞지 <u>않는</u> 것을 고르십시오.

   ① 7시에 뉴스를 볼 수 있습니다.

   ② 7시에 노래를 들을 수 있습니다.

   ③ 10시부터는 뉴스를 하지 않습니다.

   ④ 9시에 오늘 일어난 새로운 소식을 알 수 있습니다.

생일, 결혼, 행사, 모임 등에 손님들을 초대하려고 알리는 글입니다. 글을 읽을 때 누가 어떤 목적으로 초대하는지 파악하고 언제, 어디로 초대하는지 시간과 장소를 살펴봅니다.

1

❖ 초대합니다

저희 결혼합니다. 꼭 (　　) 저희의 결혼을 축하해 주세요.

이 명규, 유 전주의 아들　이 선진

손 양철, 김 지희의 딸　　손 민지

2015년 1월 5일 토요일 오후 6시 30분

역삼동 삼청 빌딩 3층 그랜드 홀

1. 무엇에 대한 글입니까?　＿＿＿＿＿＿＿＿＿＿ 초대

2. (　)안에 가장 알맞은 것을 고르십시오

① 오셔서　　　　　② 가셔서　　　　　③ 늦으셔서　　　　　④ 즐거우셔서

3. 설명이 바르지 않은 것을 고르세요.

① 결혼식은 3층 그랜드 홀에서 합니다.

② 이 선진 씨와 손 민지 씨가 결혼합니다.

③ 결혼식에 참석하려면 역삼동 그랜드 호텔로 가야 합니다.

④ 결혼식은 2015년 1월 5일 토요일 오후 6시 30분에 합니다.

2

> ❖ **우리 아기 민서의 첫 번째 생일입니다**
>
> 그동안 민서를 예뻐해 주신 가족, 친구들과 함께 민서의 생일을 축하하려고 합니다.
> 꼭 오셔서 점심도 드시고 건강하게 자란 민서와 (   ).
>
> 일시 : 3월 24일 토요일 오후 12시
>
> 장소 : 사랑의 뷔페 식당

1. 무엇에 대한 글입니까?

2. (   )에 알맞은 것을 고르십시오.

　① 식당에 가세요.

　② 귀엽고 예쁩니다.

　③ 민수는 가족입니다.

　④ 즐거운 시간도 보내세요.

3. 설명이 바르지 <u>않은</u> 것을 고르세요.

　① 생일에 초대하는 글입니다.

　② 모임 장소는 뷔페 식당입니다.

　③ 민서가 친구들을 초대했습니다.

　④ 민서를 아는 사람들이 모입니다.

3

그동안 여러 번 이사를 했지만 이번에는 집을 샀습니다. 그래서 저의 한국 친구들과 아내의 베트남 친구들과 함께 집들이를 하려고 합니다. 음식도 한국 음식과 베트남 음식을 (   ). 함께 음식도 먹고 이야기도 하고 재미있는 시간을 보내요.

모임 장소 : 부산광역시 올레길 345번지

모임 날짜 : 1월 19일 오후 6시

1. 무엇에 대한 글입니까? ________________ 초대

2. (　)에 알맞은 것을 고르십시오.

　① 알고 있습니다.

　② 드시고 오세요.

　③ 함께 이야기 합니다.

　④ 모두 준비할 것입니다.

3. 설명이 바르지 <u>않은</u> 것을 고르세요.

　① 모임 장소는 집입니다.

　② 집들이에 초대하는 글입니다.

　③ 처음 이사를 해서 친구들을 초대합니다.

　④ 베트남 음식도 먹고 한국 음식도 먹을 겁니다.

4

> ❖ **한국대학교 학생 여러분**
>
> 오늘 학교 강당에서 영화 '아저씨'를 무료로 보여 줍니다.
>
> 영화는 5시에 시작하지만 150명만 볼 수 있으니 (   )
>
> 기다리시는 동안 간단한 간식도 드립니다.

1. 무엇에 대한 글입니까?   _______________ 무료 상영 안내

2. (   )에 알맞은 것을 고르십시오.

① 일찍 오세요.

② 번호를 보세요.

③ 영화를 꼭 보세요.

④ 저녁을 드시고 오세요.

3. 이 글의 내용과 같은 것을 고르십시오.

① 영화는 만 오천 원입니다.

② 영화를 보면서 간식을 먹습니다.

③ 드라마의 제목은 〈아저씨〉입니다.

④ 영화는 학교 안에서 볼 수 있습니다.

3. 광고하는 글

💡**TIP**

광고하는 글은 사람들에게 어떤 정보를 널리 알리려고 쓴 글입니다. 글을 읽을 때는 제목을 보고 어떤 목적으로 하는 광고인지 먼저 알아보고, 그 다음 광고에서 알리는 주요 정보를 찾습니다. 마지막으로 질문에 맞는 세부 내용을 살펴보면, 문제를 푸는데 도움이 됩니다.

1

❖ **기타 배울 분 모집**

대상 : 음악에 관심이 많고 (　　　)

시간 : 주말(토, 일 10 : 00~ 19 : 00), 1시간 수업

수업료 : 오만원

연락처 : 020-435-5678, haha@cote.com

1. 무엇에 대한 글입니까?　　＿＿＿＿＿＿＿＿＿ 를 배울 사람 모집

2. (　　)에 알맞은 것을 고르십시오.

　① 피아노를 배우실 분

　② 함께 음악을 들으실 분

　③ 기타를 처음 배우시는 분

　④ 피리 연습을 같이 하실 분

3. 이 글의 내용과 같은 것을 고르십시오.

　① 음악을 잘 해야 합니다.

　② 전화로 연락할 수 없습니다.

　③ 토요일에 배울 수 있습니다.

　④ 기타를 배우고 싶으면 먼저 만원을 내야 합니다.

2

❖ **신나라 그릇 백화점 세일**

봄을 맞아 3월 20일부터 30일까지 10일 (　　　　) 접시, 찻잔, 냄비, 주전자 등 그릇을 20~30% 세일합니다.

직접 오셔서 보시고, 즐거운 쇼핑 시간 되십시오.

* 1시간 무료 주차 가능

1. 무엇에 대한 글입니까?　　그릇 ________________ 안내

2. (　)에 알맞은 것을 고르십시오.

　① 까지　　　　　　② 부터　　　　　　③ 에서　　　　　　④ 동안

3. 이 글의 내용과 같은 것을 고르십시오.

　① 그릇을 싸게 팝니다.

　② 5일 동안 세일합니다.

　③ 가을이라서 세일을 합니다.

　④ 인터넷으로 구입할 수 있습니다.

❖ 미소 안경점 행사

　그동안 저희 미소 안경점을 이용해 주신 손님 여러분 감사합니다. 저희가 가게를 연 지 10년이 되었습니다. 그래서 감사의 마음으로 60세 이상인 분들께 5월 한 달 동안 안경을 무료로 수리해 드리고 있습니다. 꼭 저희 가게에서 사신 안경이 아니어도 괜찮습니다. 걱정 마시고 오셔서 (　　).

1. 무엇에 대한 글입니까?　안경을 ________________ 행사 안내

2. (　)에 알맞은 것을 고르십시오.

① 안경을 고치시기 바랍니다.
② 안경을 구입하시기 바랍니다.
③ 미소 안경점에서 알려드립니다.
④ 안경을 구입해 주셔서 감사합니다.

3. 이 글의 내용과 같은 것을 고르십시오.

① 5월 달에 산 안경을 고쳐 드립니다.
② 미소 안경점이 새로 문을 열었습니다.
③ 미소 안경점에서 산 안경만 고쳐 드립니다.
④ 그 동안 저희 안경점에서 안경을 사 주셔서 감사합니다.

4

> ❖ **강아지를 키울 분을 찾습니다.**
>
> 저희가 1년 동안 키운 강아지입니다. 그런데 이번에 (   ) 외국으로 이사를 가게 되어 가족처럼 키워주실 분을 찾습니다.
>
> 종류 : 진돗개
>
> 특징 : 하얀색, 몸무게 5kg
>
> 연락처 : 010-123-4567

1. 무엇에 대한 글입니까? _________________ 를 대신 키울 사람 찾기

2. (   )에 알맞은 것을 고르십시오.

  ① 갑자기   ② 천천히   ③ 그동안   ④ 오랜만에

3. 이 글의 내용과 같은 것을 고르십시오.

  ① 아주 큰 강아지입니다.

  ② 이름 없는 강아지입니다.

  ③ 외국에서 온 강아지입니다.

  ④ 강아지를 데려 갈 사람을 찾습니다.

4. 요구나 요청하는 글

> 누가, 누구에게, 언제, 무엇 때문에 보내는 글인지 확인을 하면서 읽는 것이 좋습니다. 문제를 먼저 읽고 지문에서 관계되는 내용을 찾는 것도 시간을 아끼는 방법이 될 수 있습니다.

1

선생님께

선생님 안녕하세요? 저는 방학 동안 고향인 러시아에 와 있습니다. 멀리 있는 선생님과 친구들이 모두 보고 싶습니다. 그리고 저희 새 학기 수업 시간표 알 수 있나요? 한국어 3급은 많이 어렵겠지만 열심히 공부를 할 것입니다. 3급에서도 선생님과 우리 반 친구들과 함께 공부하고 싶습니다. 그럼 선생님 (   ).

2014년 6월 9일 올가로부터

1. 무엇에 대한 글입니까?　　＿＿＿＿＿＿＿＿＿＿ 관련 문의

2. (   )에 알맞은 것을 고르십시오.
   ① 이제 2급이 됩니다.
   ② 건강하게 잘 지내세요.
   ③ 러시아가 아름답습니다.
   ④ 숙제가 무엇인지 알려주세요.

3. 이 글의 내용과 같은 것을 고르십시오.
   ① 올가 씨는 몽골사람입니다.
   ② 올가 씨는 가까운 곳에 있습니다.
   ③ 올가 씨는 지금 한국어 3급입니다.
   ④ 올가 씨는 고향에서 선생님을 그리워합니다.

2

수신 : 1234@jamail.net

제목 : 옷을 교환하고 싶어요.

발신 : 3456가@kmail.com

  안녕하세요?

  저는 12월 3일 '예쁜 인터넷 쇼핑몰'에서 티셔츠와 스웨터를 샀습니다. 그런데 티셔츠의 크기가 작습니다. 또 저는 검정색 스웨터를 원했는데 파란색 스웨터가 왔습니다. 그래서 (　　　). 그런데 교환하려면 돈을 더 내야 하나요? 알려주세요. 답장을 기다리겠습니다.

김 은영 드림

1. 무엇에 대한 글입니까?

2. (　　)에 알맞은 것을 고르십시오.

  ① 예쁜 옷을 샀습니다.

  ② 티셔츠가 검정색입니다.

  ③ 노란색 스웨터를 사고 싶습니다.

  ④ 스웨터와 티셔츠를 모두 바꾸고 싶습니다.

3. 이 글의 내용과 같은 것을 고르십시오.

  ① 전화로 연락을 기다립니다.

  ② 스웨터의 크기가 작습니다.

  ③ 옷 가게 주인에게 보내는 이메일입니다.

  ④ 옷을 교환하려면 돈을 다시 내야 합니다.

안녕하세요? 배움 컴퓨터 선생님

저는 컴퓨터를 배우고 싶습니다. 그런데 학원에 여러 수업이 있어서 (   ). 저는 컴퓨터를 배운 적은 없지만 이메일은 보낼 수 있습니다. 그런데 회사에서 일을 하려면 더 배워야 할 것 같습니다.

저에게 맞는 반이 있을까요?

미티앤

1. 무엇에 대한 글입니까?　_________________ 에 대한 문의

2. (   )에 알맞은 것을 고르십시오.

① 일하는 반을 알고 싶습니다.

② 컴퓨터 배우는 것이 재미있습니다.

③ 무엇부터 배워야 할지 모르겠습니다.

④ 컴퓨터로 일하는 방법을 알려 주십시오.

3. 이 글의 내용과 같은 것을 고르십시오.

① 미티앤 씨는 일을 하고 싶습니다.

② 컴퓨터 선생님은 일을 알려줍니다.

③ 미티앤 씨는 이메일을 쓸 줄 모릅니다.

④ 미티앤이 컴퓨터 선생님에게 보내는 편지입니다.

4

김 영훈 씨께

안녕하세요. 그동안 잘 지내셨습니까?

작년에 영훈 씨 호텔에서 지냈을 때 잘 해 주셔서 고마웠습니다. 그리고 중국에 돌아와서 연락을 못 드려서 (   ). 아내와 함께 이번 달 15일부터 한 달 동안 다시 부산에 가려고 합니다. 그리고 작년처럼 영훈 씨가 일하는 호텔에서 지내고 싶습니다. 얼마 안 남았는데 예약이 가능할지 알고 싶습니다. 답장 기다리겠습니다.

2013년 12월 5일 '차웅'으로부터

1. 무엇에 대한 글입니까?　　________________ 계획

2. (　)에 알맞은 것을 고르십시오.

　① 미안합니다　　　② 감사합니다　　　③ 축하합니다　　　④ 사랑합니다

3. 이 글의 내용과 같은 것을 고르십시오.

　① 영훈은 서울에 삽니다.

　② 영훈은 결혼을 했습니다.

　③ 차웅은 호텔을 예약했습니다.

　④ 차웅은 한국에 온 적이 있습니다.

5. 정보를 전달하는 글

　　읽는 이에게 어떤 정보나 지식을 이해시키려고 쓴 것입니다. 정보를 전달하는 글을 읽을 때 글쓴이가 알리려는 정보가 무엇인지를 알아야 합니다. 따라서 주제와 관련 있는 어휘나 중심 내용을 찾으면 글을 이해하기 쉽습니다.

1

　　많은 사람들이 인터넷에서 물건을 삽니다. 인터넷에서 쇼핑을 하면 시간을 아낄 수 있습니다. 인터넷으로 물건 가격을 비교해서 물건을 더 싸게 살 수도 있습니다. (　　) 요즘에는 인터넷으로 해외에서 파는 물건을 사는 사람들도 늘고 있습니다. 해외에서 파는 책이나 옷, 가전제품, 가구 등을 싸게 살 수 있어서 인기가 높습니다.

1. 무엇에 대한 글입니까?　＿＿＿＿＿＿＿＿＿＿ 으로 물건 사기

2. (　)에 알맞은 것을 고르십시오.
　① 그러나　　　　　② 그리고　　　　　③ 그래서　　　　　④ 그래도

3. **이 글의 내용과 같은 것을 고르십시오.**
　① 인터넷에서 쇼핑하면 시간과 돈을 아낄 수 있습니다.
　② 요즘에는 인터넷으로 쇼핑하는 사람이 많지 않습니다.
　③ 인터넷 쇼핑으로는 해외에서 파는 옷이나 물건을 살 수 없습니다.
　④ 해외에서 파는 물건은 값이 비싸서 우리 나라에서는 큰 인기가 없습니다.

2

　　겨울에 감기에 걸리지 않으려면 어떻게 해야 할까요? 먼저, 물을 충분히 마셔야 합니다. 내복을 입는 것도 좋은 방법입니다. 외출을 하고 집에 돌아와서는 손을 반드시 씻습니다. 양치질도 꼭 해야 합니다. (　　　)는 목도리를 하고, 마스크나 모자를 쓰는 것이 좋습니다.

1. 감기에 걸리지 않으려면 무엇을 입는 것이 좋습니까?

2. (　)에 알맞은 것을 고르십시오.
　　① 방에 있을 때　　　② 밖에 나갈 때　　　③ 집에 들어올 때　　　④ 부엌에 들어갈 때

3. 이 글의 제목으로 알맞은 것을 고르십시오.
　　① 겨울에 옷을 입는 방법
　　② 겨울에 물을 많이 마시는 방법
　　③ 겨울에 감기에 걸리지 않는 방법
　　④ 겨울에 마스크나 모자를 쓰는 방법

　중학생 100명에게 시간이 (　　) 무엇을 하는지 물었습니다. 학생들 중 10%의 학생들은 운동을 하고, 17%의 학생들은 TV를 본다고 합니다. 책을 읽는다는 학생은 3%이고, SNS를 한다는 학생은 30%가 있었습니다. 그리고 인터넷 게임을 한다는 학생은 100명 중에서 40명으로, 40%나 있었습니다.

1. 100명 중에서 40%의 학생들은 무엇을 합니까?

2. (　　)에 알맞은 것을 고르십시오.

　① 있을 때　　　　② 적을 때　　　　③ 없을 때　　　　④ 부족할 때

3. 이 글의 내용으로 알 수 있는 것은 무엇입니까?

　① 중학생은 집에서도 공부만 합니다.

　② 중학생들은 대부분 쉬면서 책을 읽습니다.

　③ 중학생들은 쉴 때 TV 보는 것을 제일 좋아합니다.

　④ 휴식 시간에 인터넷 게임을 하는 중학생의 수가 제일 많습니다.

4

주말에 동물원에 가면 소풍을 나온 가족을 쉽게 볼 수 있습니다. 동물을 구경하고 사진도 많이 찍습니다. 특히 어린이들은 동물을 보고 무척 즐거워합니다. 그러면 동물원에 사는 동물들 중에서 사람들에게 가장 사랑을 받는 동물은 무엇일까요? 그 동물은 바로 코끼리입니다. 어린이들은 코끼리가 긴 코로 물이나 음식을 먹는 모습을 보고 재미있어 합니다.

1. 무엇에 대한 글입니까?

　① 주차장　　　　　　② 식물원　　　　　　③ 동물원　　　　　　④ 놀이공원

2. 동물원에서 사람들에게 가장 사랑 받는 동물은 무엇입니까?

3. 어린이들은 코끼리의 어떤 모습을 좋아합니까?

　① 코끼리가 사진 찍는 모습

　② 코끼리가 즐거워하는 모습

　③ 코끼리가 코로 음식을 먹는 모습

　④ 코끼리 가족들이 같이 있는 모습

6. 경험이나 느낌을 나타내는 글

> 생활하면서 느낀 모습이나 생각을 글로 쓴 것입니다. 경험하면서 알게 된 것은 무엇인지, 그 중에서 어떤 것을 느꼈고 알리고 싶은지 생각하면서 글을 읽습니다. 문제를 풀 때는 문제에서 제시한 문장과 글에 나오는 내용에 차이가 있는지 확인하면서 풉니다.

1

> 저의 취미는 책을 읽는 것입니다. 책을 읽는 것이 (   ) 세 가지가 있습니다. 책을 읽으면 여러 생각을 할 수 있습니다. 책에서 새롭게 배우는 것이 많기 때문에 아는 것도 많아집니다. 그래서 여러 가지 주제의 책을 읽으면 공부나 일을 할 때 도움이 됩니다. 또 책 읽기는 어디에서나 할 수 있어서 좋습니다.

1. 글을 쓴 사람의 취미는 무엇입니까?

2. (   )에 알맞은 것을 고르십시오.
   ① 미운 이유는
   ② 좋은 이유는
   ③ 싫은 이유는
   ④ 피곤한 이유는

3. 이 글의 제목으로 알맞은 것을 고르십시오.
   ① 우리 학교 도서관
   ② 여러 가지 취미 생활
   ③ 내 친구의 취미 생활
   ④ 내가 책 읽기를 좋아하는 이유

2

　　얼마 전에 텔레비전에서 골프 경기를 봤습니다. 그때 골프 경기를 처음 봤기 때문에 어떻게 경기를 하는지 이해하지 못했습니다. 골프 경기 규칙도 몰랐습니다. (　　　) 옆에서 친구가 경기 규칙을 친절하게 알려주었습니다. 경기 규칙을 이해하니까 골프가 무척 재미있었습니다. 방학 때 기회가 되면 골프를 배우고 싶습니다.

1. 골프 경기 규칙을 알려준 사람은 누구입니까?

2. (　　)에 들어갈 알맞은 것을 고르십시오.

　　① 그리고　　　　　　② 그런데　　　　　　③ 하지만　　　　　　④ 그러면

3. 이 글의 내용과 같은 것을 고르십시오.

　　① 골프 경기를 처음 봤지만 금방 이해했습니다.

　　② 골프 경기 규칙을 이해하니까 골프가 재미있었습니다.

　　③ 운동을 좋아하지 않아서 골프를 배우고 싶지 않습니다.

　　④ 방학을 하면 친구가 저에게 골프를 가르쳐 주기로 했습니다.

3

봄은 춥거나 덥지 않습니다. 그래서 봄이 되면 사람들은 밖으로 나가는 것을 좋아합니다. 가족이나 친구들과 겨울 동안 하지 못한 활동을 즐깁니다. 공원을 산책하거나, 소풍을 가서 좋은 시간을 보내기도 합니다. 봄이 되면 거리마다 꽃이 펴서 무척 아름답습니다.

1. 어느 계절에 관한 글입니까?

2. (   )안에 가장 알맞은 것을 고르십시오.

봄은 춥거나 덥지 않아서 사람들이 산책을 하거나 소풍을 하러 (   ) 많이 나갑니다.

① 집으로　　　　② 안으로　　　　③ 밖으로　　　　④ 봄으로

3. 이 글의 내용과 같은 것을 고르십시오.
　① 봄은 날씨가 좋지 않습니다.
　② 봄이 되면 밖에서 여러 가지 활동을 즐깁니다.
　③ 봄이 되면 사람들은 집에서 취미 활동을 합니다.
　④ 봄이 되면 거리마다 다니는 사람들이 줄어듭니다.

4

> 내일 집들이를 합니다. 지난 주에 이사를 해서 친구들을 집으로 초대했습니다. 그래서 오늘 준비할 것이 많습니다. 우선 청소부터 하려고 합니다. 방과 거실, 화장실을 깨끗하게 할 것입니다. 그리고 시장에도 갈 것입니다. 내일 먹을 과일과 음료수를 사고 불고기 재료도 사려고 합니다. 내일 집들이가 즐거웠으면 좋겠습니다.

1. 무엇에 대한 글입니까?

   ① 이사　　　　　② 집들이　　　　　③ 집안일　　　　　④ 친구 집 방문

2. 집들이 준비를 하면서 무엇부터 할 것입니까?

3. 이 글의 내용으로 알 수 있는 것은 무엇입니까?

   ① 내일 친구들이 집으로 올 것입니다.

   ② 지난 주에 친구가 이사를 했습니다.

   ③ 어제 준비를 다 해서 오늘은 준비할 것이 없습니다.

   ④ 어제 이사를 해서 오늘은 아침부터 청소를 했습니다.

Chapter **2**

토픽 문제
유형별 연습

토픽 문제 유형별 연습

'소재 파악하기'는 이 사람이 말하고 싶은 이야기의 소재를 찾는 문제입니다. 주어진 두 개의 문장에서 관계 있는, 또는 대표할 수 있는 단어를 찾아보십시오.

1. 무엇에 대한 이야기입니까? 알맞은 것을 고르십시오.

> 다음 달에 서울에 갑니다. 친구를 만나려고 합니다.

① 취미　　　② 계획　　　③ 수업　　　④ 물건

■ 계획 : −(으)려고 하다, −(으)ㄹ 거예요, −기로 하다, 준비하다 등

2. 무엇에 대한 이야기입니까? 알맞은 것을 고르십시오.

> 한국의 겨울 날씨는 많이 춥습니다. 그리고 여름은 정말 덥습니다.

① 습관　　　② 시간　　　③ 운동　　　④ 계절

■ 계절 : 봄, 여름, 가을, 겨울.　날씨 : 춥다, 덥다, 따뜻하다 등

3. 무엇에 대한 이야기입니까? 알맞은 것을 고르십시오.

> 저는 제주도에서 태어났습니다. 그곳은 자연이 정말 아름답습니다.

① 학교　　　② 고향　　　③ 직업　　　④ 주소

■ 고향 : 태어난 곳, 자란 곳.

4. 무엇에 대한 이야기입니까? 알맞은 것을 고르십시오.

> 어제는 비가 많이 왔습니다. 하지만 오늘은 비는 오지 않고 바람만 많이 붑니다.

① 교통　　　　② 날씨　　　　③ 여행　　　　④ 음식

- 날씨 : 비, 눈, 바람, 구름, 햇빛 등

〈연습문제〉

1. 무엇에 대한 이야기입니까? 알맞은 것을 고르십시오.

> 방학입니다. 친구들과 부산에 갑니다.

① 여행　　　　② 건강　　　　③ 날씨　　　　④ 유학

2. 무엇에 대한 이야기입니까? 알맞은 것을 고르십시오.

> 어제 부모님께 편지를 썼습니다. 오늘 편지를 보내러 갈 겁니다.

① 병원　　　　② 우체국　　　　③ 은행　　　　④ 시장

3. 무엇에 대한 이야기입니까? 알맞은 것을 고르십시오.

> 책상을 닦습니다. 옷도 정리합니다.

① 날짜　　　　② 청소　　　　③ 집　　　　④ 시장

4. 무엇에 대한 이야기입니까? 알맞은 것을 고르십시오.

> 한식을 만듭니다. 식당에서 일합니다.

① 방법   ② 장소   ③ 직업   ④ 건강

5. 무엇에 대한 이야기입니까? 알맞은 것을 고르십시오.

> 가방을 샀습니다. 옷도 사려고 합니다.

① 일   ② 요리   ③ 운동   ④ 쇼핑

6. 무엇에 대한 이야기입니까? 알맞은 것을 고르십시오.

> 교실에 있습니다. 한국어를 배웁니다.

① 의사   ② 선생님   ③ 학생   ④ 회사원

7. 무엇에 대한 이야기입니까? 알맞은 것을 고르십시오.

> 김치찌개가 맛있습니다. 불고기도 더 먹고 싶습니다.

① 음식   ② 장소   ③ 시간   ④ 생일

8. 무엇에 대한 이야기입니까? 알맞은 것을 고르십시오.

> 주말에 등산을 할 겁니다. 많이 춥지 않았으면 좋겠습니다.

① 날씨   ② 바다   ③ 경치   ④ 계절

9. 무엇에 대한 이야기입니까? 알맞은 것을 고르십시오.

> 토요일에 친구를 만날 겁니다. 일요일에 영화를 볼 겁니다.

① 계획　　　　② 방학　　　　③ 취미　　　　④ 시간

10. 무엇에 대한 이야기입니까? 알맞은 것을 고르십시오.

> 저는 강릉에서 왔습니다. 제 친구는 전주에서 왔습니다.

① 고향　　　　② 여행　　　　③ 휴가　　　　④ 약속

11. 무엇에 대한 이야기입니까? 알맞은 것을 고르십시오.

> 매일 아침 조깅을 합니다. 수요일 저녁에는 수영을 합니다.

① 점심　　　　② 운동　　　　③ 전공　　　　④ 연습

12. 무엇에 대한 이야기입니까? 알맞은 것을 고르십시오.

> 오늘 집에서 한국 친구들과 김치를 만들었습니다. 정말 재미있고 맛있었습니다.

① 빨래　　　　② 날짜　　　　③ 운동　　　　④ 요리

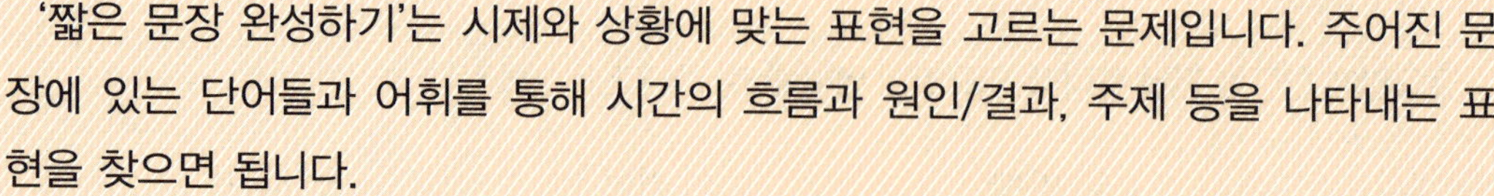

'짧은 문장 완성하기'는 시제와 상황에 맞는 표현을 고르는 문제입니다. 주어진 문장에 있는 단어들과 어휘를 통해 시간의 흐름과 원인/결과, 주제 등을 나타내는 표현을 찾으면 됩니다.

2.1. 알맞은 조사 찾기

조사가 나오는 문제는 보통 명사와 동사, 명사와 형용사, 명사와 명사 관계를 살펴보면 쉽게 찾을 수 있습니다.

1. 빈칸에 제일 알맞은 것을 고르십시오.

> 지갑(　) 잃어버렸습니다.

① 이　　　　② 을　　　　③ 과　　　　④ 에서

- 주어는 생략되어 있습니다. '지갑'은 목적어입니다.

2. 빈칸에 제일 알맞은 것을 고르십시오.

> 바람(　) 시원합니다.

① 과　　　　② 을　　　　③ 이　　　　④ 에서

- '바람'이 주어입니다. '시원합니다'는 서술어입니다.

〈연습문제〉

1. 빈칸에 제일 알맞은 것을 고르십시오.

> 도서관(　　) 도착했습니다.

① 을　　　　　　　　② 도　　　　　　　　③ 부터　　　　　　　　④ 에

2. 빈칸에 제일 알맞은 것을 고르십시오.

> 라디오(　　) 고장이 났습니다.

① 가　　　　　　　　② 를　　　　　　　　③ 로　　　　　　　　④ 와

2.2. 알맞은 명사 찾기 : 장소

보통 어떤 행동을 하기 위한 장소가 나오는 문제가 자주 나옵니다. 장소명사를 알고 그 곳에서 무엇을 하는지 알아두면 좋습니다. 빈칸이 앞에 오기도 하고 뒤에 오기도 합니다.

1. 빈칸에 제일 알맞은 것을 고르십시오.

> (　　)에 갑니다. 머리를 자릅니다.

① 우체국　　　　　　② 은행　　　　　　③ 식당　　　　　　④ 미용실

- ■ −에 가다 : 장소 명사가 와야 합니다. 머리(카락)을 자르는 곳은 미용실입니다.

2. 빈칸에 제일 알맞은 것을 고르십시오.

곧 기차를 타야 합니다. (　　)으로 가야 합니다.

① 역 　　　　② 공원 　　　　③ 서점 　　　　④ 빵집

■ ~(으)로 가다 : ~(으)로 앞에는 장소나 위치 명사가 와야 합니다. 기차를 타는 곳은 역입니다.

〈연습문제〉

1. 빈칸에 제일 알맞은 것을 고르십시오.

시험 공부를 해야 합니다. (　　)으로 갑니다.

① 도서관 　　　　② 시장 　　　　③ 은행 　　　　④ 병원

2. 빈칸에 제일 알맞은 것을 고르십시오.

취직을 했습니다. 내일부터 (　　)에 갈 겁니다.

① 축제 　　　　② 회사 　　　　③ 지하 　　　　④ 사거리

2.3. 알맞은 동사, 형용사, 부사 찾기 1

뒷문장의 내용을 추측하기 :

　보통 형용사를 묻는 질문에 자주 사용됩니다. 다양한 접속사를 통해 앞 문장과의 관계를 유추하는 문제입니다. 뒷문장이 생기게 된 배경이나 이유에 대해 묻는 문장이 자주 나옵니다.

2.3.1. 동사

1. 빈칸에 제일 알맞은 것을 고르십시오.

> 다음 주에 시험을 (　　). 그래서 열심히 공부할 겁니다.

① 합니다　　　　　② 봅니다　　　　　③ 씁니다　　　　　④ 읽습니다

- 시험을 보다 : '영화를 보다'와 같이 '보다'는 눈으로 직접 보는 것 외에도 '시험을 보다(치다), 책을 보다(읽다), 친구를 보다(만나다), 아기를 보다(보살피다), 일을 보다(일을 해야 하다) 등 다양한 뜻이 있습니다.

2.3.2. 형용사

1. 빈칸에 제일 알맞은 것을 고르십시오.

> 날씨가 (　　). 그래서 창문을 열었습니다.

① 높습니다　　　　　② 넓습니다　　　　　③ 덥습니다　　　　　④ 가깝습니다

- 문을 열다 : 창문을 연 이유를 생각해 보면 됩니다. 덥다, 청소하다 등

2.3.3. 부사

1. 빈칸에 제일 알맞은 것을 고르십시오.

> 고향 음식을 (   ) 만들었습니다. '유학생의 날' 행사에 가지고 가려고 합니다.

① 많이   ② 정말   ③ 아마   ④ 이따가

- 음식을 만들다: 행사에 가지고 가려고 만드는 음식이라면 많은 사람들이 먹을 것입니다.

〈연습문제〉

1. 빈칸에 제일 알맞은 것을 고르십시오.

> 발을 (   ). 그래서 잘 못 걷습니다.

① 찼습니다   ② 다쳤습니다   ③ 올라갔습니다   ④ 준비했습니다

2. 빈칸에 제일 알맞은 것을 고르십시오.

> 집을 (   ). 멋지게 만들고 싶습니다.

① 내립니다   ② 태어납니다   ③ 부칩니다   ④ 짓습니다

3. 빈칸에 제일 알맞은 것을 고르십시오.

저는 아빠를 많이 (   ). 동생은 엄마와 비슷하게 생겼습니다.

① 맞습니다   ② 따라갑니다   ③ 닮았습니다   ④ 좋아합니다

4. 빈칸에 제일 알맞은 것을 고르십시오.

이번 등산은 비가 많이 와서 (   ). 다음 주말에 가기로 했습니다.

① 올라갔습니다   ② 찾아갔습니다   ③ 취소했습니다   ④ 다녀왔습니다

5. 빈칸에 제일 알맞은 것을 고르십시오.

친구에게 편지를 (   ). 답장을 빨리 받았으면 좋겠습니다.

① 보냈습니다   ② 받았습니다   ③ 만들었습니다   ④ 연습했습니다

6. 빈칸에 제일 알맞은 것을 고르십시오.

하늘에 구름이 (   ). 금방 비가 올 것 같습니다.

① 붑니다   ② 깨끗합니다   ③ 없습니다   ④ 많습니다

7. 빈칸에 제일 알맞은 것을 고르십시오.

집이 (   ). 그래서 이사하고 싶습니다.

① 느립니다   ② 작습니다   ③ 맛있습니다   ④ 무겁습니다

8. 빈칸에 제일 알맞은 것을 고르십시오.

> 여기서 버스 정류장까지 (   ) 멉니다. 걸어서 35분 정도 걸립니다.

① 가끔　　　　② 이미　　　　③ 아주　　　　④ 언제나

9. 빈칸에 제일 알맞은 것을 고르십시오.

> 저는 가족이 (   ) 보고 싶습니다. 방학 때 꼭 고향에 갈 것입니다.

① 안　　　　② 늘　　　　③ 깜짝　　　　④ 따로

10. 빈칸에 제일 알맞은 것을 고르십시오.

> 영화가 (   ) 슬펐습니다. 그래서 눈물이 났습니다.

① 많이　　　　② 모두　　　　③ 안　　　　④ 또

11. 빈칸에 제일 알맞은 것을 고르십시오.

> (   ) 한국에 온 지 3년이 되었습니다. 이제 한국 생활이 편합니다.

① 그냥　　　　② 일찍　　　　③ 벌써　　　　④ 열심히

2.4. 알맞은 동사, 형용사, 부사 찾기 2

앞문장의 내용으로 추측하기 :

빈칸에 알맞은 동사나 형용사, 부사를 묻는 질문입니다. 앞 문장을 통해 뒷문장을 유추할 때는 보통 '원인/결과'나, '시간의 순서'로 진행되는 상황을 보여주는 문장이 많습니다. 앞의 문장에 어떤 변화가 생겼는지, 느낌이 어땠는지 등의 내용이 옵니다.

2.4.1. 동사

1. 빈칸에 제일 알맞은 것을 고르십시오.

> 수요일은 제 생일입니다. 친구들을 집으로 (   ).

① 전화할 것입니다
② 공부할 것입니다
③ 쇼핑할 것입니다
④ 초대할 것입니다

- 생일 / 집'으로' : 생일에 친구들을 만나려고 합니다. '으로' 뒤에 올 수 있는 '초대하다' 동사를 찾으면 됩니다.

2.4.2. 형용사

1. 빈칸에 제일 알맞은 것을 고르십시오.

> 꽃이 피었습니다. 그래서 공원이 매우 (   ).

① 높습니다   ② 바쁩니다   ③ 넓습니다   ④ 아름답습니다

- 꽃이 피었다 : 꽃이 피었을 때 공원의 경치를 표현할 수 있는 형용사인 '아름답다/예쁘다/좋다' 등을 찾으면 됩니다.

1. 빈칸에 제일 알맞은 것을 고르십시오.

> 저는 영어를 배운 적이 없습니다. 그래서 영어를 (　) 못 합니다.

① 아직　　　　　② 벌써　　　　　③ 우선　　　　　④ 전혀

- 배운 적이 없다 : 영어를 배우지 않았기 때문에 '영어를 조금도 할 수 없다'는 표현을 찾으면 됩니다.

〈연습문제〉

1. 빈칸에 제일 알맞은 것을 고르십시오.

> 퇴근 시간입니다. 그래서 길이 (　).

① 걸립니다　　　　　② 모입니다　　　　　③ 가집니다　　　　　④ 막힙니다

2. 빈칸에 제일 알맞은 것을 고르십시오.

> 베트남에 갔습니다. 친구를 (　).

① 만났습니다　　　　　② 읽었습니다　　　　　③ 일했습니다　　　　　④ 전했습니다

3. 빈칸에 제일 알맞은 것을 고르십시오.

> 서울역으로 갔습니다. 부산으로 가는 기차를 (   ).

① 샀습니다　　　② 탔습니다　　　③ 내렸습니다　　　④ 잃어버렸습니다

4. 빈칸에 제일 알맞은 것을 고르십시오.

> 학교 근처에 병원이 있습니다. 학교에서 (   ).

① 편합니다　　　② 어둡습니다　　　③ 깨끗합니다　　　④ 가깝습니다

5. 빈칸에 제일 알맞은 것을 고르십시오.

> 이제부터 여름입니다. 날씨가 많이 (   ).

① 깁니다　　　② 낮습니다　　　③ 덥습니다　　　④ 어둡습니다

6. 빈칸에 제일 알맞은 것을 고르십시오.

> 자동차를 사고 싶습니다. 그래서 돈을 (   ).

① 줍니다　　　② 씁니다　　　③ 고릅니다　　　④ 모읍니다

7. 빈칸에 제일 알맞은 것을 고르십시오.

> 어제 눈이 많이 왔습니다. 바깥이 모두 (   ).

① 바쁩니다　　　② 하얗습니다　　　③ 두껍습니다　　　④ 조심합니다

8. 빈칸에 제일 알맞은 것을 고르십시오.

① 먼저   ② 벌써   ③ 별로   ④ 갑자기

9. 빈칸에 제일 알맞은 것을 고르십시오.

① 듭니다   ② 나쁩니다   ③ 낮습니다   ④ 맑습니다

10. 빈칸에 제일 알맞은 것을 고르십시오.

① 못   ② 거의   ③ 잘   ④ 가끔

11. 빈칸에 제일 알맞은 것을 고르십시오.

① 참   ② 멀리   ③ 직접   ④ 조심히

12. 빈칸에 제일 알맞은 것을 고르십시오.

① 모두   ② 별로   ③ 언제나   ④ 가까이

'간단한 안내 글의 세부내용 파악하기'는 주어진 정보를 얼마나 이해했는지 알아보는 문제입니다. 여러 가지 내용의 표나 티켓 등으로 문제가 나오기 때문에 주어진 문장과 비교하며 하나씩 지우면 됩니다.

'간단한 안내 글'에는 안내문, 광고문, 초청문 등이 있으며 1장의 '토픽에 나오는 텍스트 유형 글 읽기'를 다시 한 번 연습하시기 바랍니다.

1. 다음을 읽고 맞지 <u>않는</u> 것을 고르십시오.

친구와 한국어 시험을 준비하세요!

새 학기 서점 반값 판매 안내

기간 : 3월 3일 ~ 3월 15일

한국어 시험 책 50% 할인

– 한국 서점 –

① 3월 중에만 할인합니다.

② 매점에서 책을 살 수 있습니다.

③ 한국어 시험 책을 싸게 팝니다.

④ 1권 값으로 2권을 살 수 있습니다.

① '3월 3일~15일'에 살 수 있기 때문에 3월 중에만 할인하는 것을 알 수 있습니다.

② 책은 매점이 아니고 '서점'에서 살 수 있습니다.

③ '반값, 50% 할인' 단어로 책을 싸게 판다는 것을 알 수 있습니다.

④ '반값, 50% 할인' 단어로 책 한 권 값으로 두 권을 살 수 있다는 것을 알 수 있습니다.

〈연습문제〉

1. 다음을 읽고 맞지 <u>않는</u> 것을 고르십시오.

국립중앙박물관 관람시간 안내	
* 화, 목, 금요일	09:00 ~ 18:00
* 수, 토요일	09:00 ~ 21:00
* 일요일, 공휴일	09:00 ~ 19:00

① 월요일에는 관람을 할 수 없습니다.

② 공휴일에는 7시에 관람이 끝납니다.

③ 점심시간에도 관람을 할 수 있습니다.

④ 주말에는 오후 9시까지 관람할 수 있습니다.

2. 다음을 읽고 맞지 <u>않는</u> 것을 고르십시오.

안산문화센터		
내용	사무실 번호	수업 요일
요리	612	화, 수
운동	615	월, 수, 금
영어 말하기	617	금, 토, 일
피아노 수업	620	화, 목

① 요리는 주말에 배울 수 있습니다.

② 운동은 일주일에 세 번 수업이 있습니다.

③ 영어 말하기는 주말에도 배울 수 있습니다.

④ 운동과 피아노 수업은 같은 날에 하지 않습니다.

3. 다음을 읽고 맞지 <u>않는</u> 것을 고르십시오.

서울–제주도 비행기 요금표						
	월	화	수	목	금	토, 일
요금	98,100원	74,100원	58,100원	74,100원	98,100원	123,100원

* 한 달 전에 예약하시면 10% 할인됩니다.

① 주말 요금이 제일 비쌉니다.

② 화요일과 목요일은 요금이 같습니다.

③ 월요일 요금은 주말 요금보다 쌉니다.

④ 일주일 전에 예약하면 할인을 받을 수 있습니다.

4. 다음을 읽고 맞지 <u>않는</u> 것을 고르십시오.

세탁해 드립니다!

*세탁 요금

셔츠 : 2,000원　　바지 : 3,000원

정장 : 5,000원　　코트 : 10,000원

*시간 : 월~토 / 9:00~18:00 (일요일은 휴일)

*두 개 이상 할인!

한국세탁소 02) 123 – 1004

① 한국세탁소는 주말에 쉽니다.

② 바지 세탁 요금은 삼천 원입니다.

③ 세탁소는 오전 아홉 시에 시작합니다.

④ 여러 벌 세탁하면 더 싸게 할 수 있습니다.

5. 다음을 읽고 맞지 <u>않는</u> 것을 고르십시오.

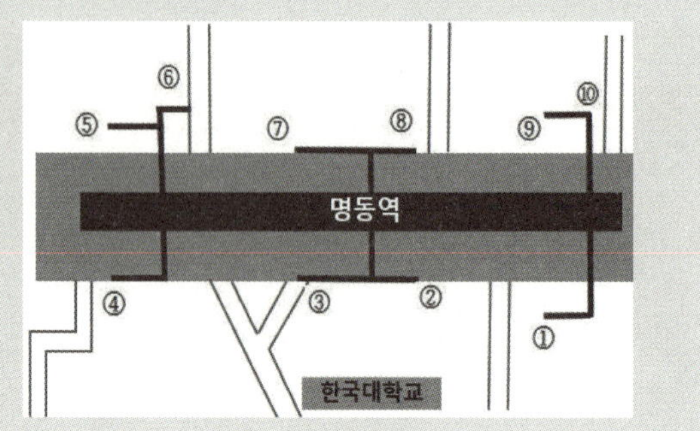

초대장

그림 전시회에 여러분을 초대합니다.

아름다운 그림을 보러 오세요.

날짜 : 4월 8일(토)~9일(일)

시간 : 오전 10:00~오후 5:00

장소 : 한국대학교 학생회관(2층)

① 명동역에서 가깝습니다.

② 학생회관은 학교 안에 있습니다.

③ 주말 동안 그림 전시회를 합니다.

④ 대학생들이 그림을 그리러 한국대학교에 갑니다.

6. 다음을 읽고 맞지 <u>않는</u> 것을 고르십시오.

오늘의 할 일

9시	청소
10시	빨래
11시	은행
12시	지은씨와 약속(신촌역)
15시	시험공부

① 은행에 갈 겁니다.

② 시험을 볼 겁니다.

③ 지은 씨를 만날 겁니다.

④ 청소한 후에 빨래를 할 겁니다.

7. 다음을 읽고 맞지 <u>않는</u> 것을 고르십시오.

옛날 지도 전시회

시간 : 오전 10시~오후 5시

입장권 : 3,000원 (*학생 1,000원)

안내 : 12시, 2시, 4시

*주의 : 카메라를 가지고 들어갈 수 없습니다.

① 대학생은 3000원입니다.

② 사진을 찍으면 안 됩니다.

③ 하루에 세 번 안내해 줍니다.

④ 전시회는 10시에 문을 엽니다

8. 다음을 읽고 맞지 <u>않는</u> 것을 고르십시오.

7월

일	월	화	수	목	금	토
		1	2	3	4〈오늘〉	5
				시험	방학	운동
6	7	8	9	10	11	12
	제주도	제주도	제주도			운동

① 오늘부터 방학입니다.

② 어제 시험을 봤습니다.

③ 3일 동안 제주도를 여행합니다.

④ 주말인 이틀 동안 운동을 할 것입니다.

짧은 세 개의 문장을 읽고 같은 내용을 찾는 문제입니다. 지문의 문장을 다른 표현으로 설명한 글을 찾는 문제가 자주 나옵니다. 문장들의 관계를 잘 생각해보면 됩니다.

4.1. '다른 표현으로 설명한' 세부 내용 파악하기

비슷한 의미의 문법이나 단어를 찾으면 됩니다. 앞뒤 문장이 시간 전후, 원인과 결과일 때는 문법을 잘 살펴봅니다.

❖ 다음의 내용과 같은 것을 고르십시오.

1.

> 봄이 왔습니다. 그래서 어제 꽃을 샀습니다. 꽃을 보고 있으니까 기분이 좋습니다.

① 꽃이 피면 봄이 옵니다.
② 날씨가 따뜻해서 기분이 좋습니다.
③ 저는 봄이 올 때마다 꽃을 삽니다.
④ 봄에 볼 수 있는 꽃을 보니까 즐겁습니다.

- '꽃을 보고 있으니까'는 '꽃을 보니까'로 바꿔 쓸 수 있고, '기분이 좋다'는 '즐겁습니다'로 이해할 수 있습니다.

2.

> 　　서울의 지하철은 복잡하지만 편리합니다. 한국 사람들은 회사나 학교에 갈 때 지하철을 많이 이용합니다. 우리나라도 지하철이 생겼으면 좋겠습니다.

　① 우리나라도 지하철이 있습니다.
　② 학생들은 지하철을 타지 않습니다.
　③ 서울의 지하철은 사람들이 별로 없습니다.
　④ 한국 사람들은 출근할 때 지하철을 탑니다.

- '지하철을 이용합니다.'는 '교통수단 + 타다'로 바꿔 쓸 수 있습니다.

4.2. '시간의 전후/ 원인과 결과'를 알려주는 세부 내용 파악하기

시간의 전후에 알게 된 사실, 상황이나 결과를 만든 이유 등을 파악해야 합니다.

❖ 다음의 내용과 같은 것을 고르십시오.

1.

> 　　오늘 아침에 날씨가 좋았습니다. 그런데 갑자기 오후에 비가 많이 왔습니다. 우산이 없어서 걱정을 했는데 남편이 회사에 데리러 왔습니다.

　① 아침에는 비가 오지 않았습니다.
　② 저는 자주 우산을 잃어버립니다.
　③ 저는 남편과 같은 회사에서 일합니다.
　④ 오늘 남편이 제 우산을 찾아 주었습니다.

- '갑자기 오후에 비가 많이 왔습니다'는 오전에는 비가 오지 않고 날씨가 좋았는데 오후가 되어 날씨가 바뀐 것을 알 수 있습니다.

2.

> 아침에 운동을 하다가 팔을 다쳤습니다. 처음에는 아프지 않았는데 오후가 되니까 많이 아픕니다. 그래서 저녁에 병원에 가보려고 합니다.

① 밤에 팔이 많이 아팠습니다.
② 병원은 저녁에만 갈 수 있습니다.
③ 다친 팔 때문에 병원에 갈 것입니다.
④ 저는 아침에 운동을 하면 늘 팔을 다칩니다.

- 미래에 할 일을 표현하는 '-(으)려고 하다'는 '-(으)ㄹ 것입니다'로 바꿔 쓸 수 있습니다.

〈연습문제〉

다음의 내용과 같은 것을 고르십시오.

1.

> 저는 농구를 좋아해서 주말마다 친구들과 농구를 합니다. 저는 농구를 보는 것도 좋아합니다. 다음 주말에는 친구들과 농구를 보러 가려고 합니다.

① 저는 농구만 좋아합니다.
② 주말마다 농구를 보러 갑니다.
③ 혼자 농구하는 것을 좋아합니다.
④ 다음 주에 농구를 보러 갈 것입니다.

2.

> 영화 표가 2장 생겨서 친구에게 전화를 했습니다. 영화를 보고 같이 밥을 먹기로 했습니다. 친구가 밥을 사기로 했습니다.

① 저는 영화 표를 샀습니다.
② 저는 친구에게 밥을 살 것입니다.
③ 저는 친구와 밥을 먹을 것입니다.
④ 친구에게 공짜 영화 표가 생겼습니다.

3.

> 내일 친구들과 놀이공원에 갈 것입니다. 놀이공원에 가려면 지하철을 타고 버스로 갈아타야 합니다. 9시에 지하철역에서 만나기로 했습니다.

① 놀이공원에 가 봤습니다.
② 약속 장소는 지하철역입니다.
③ 놀이공원 근처에 지하철역이 있습니다.
④ 놀이공원까지 버스로 한 번에 갈 수 있습니다.

4.

> 어제 가족들과 수영장에 갔습니다. 수영복으로 갈아입고 준비운동을 했습니다. 1시간쯤 수영을 하고 10분 쉬었습니다.

① 날마다 수영장에 갑니다.
② 쉬지 않고 수영을 했습니다.
③ 수영복을 입고 준비 운동을 했습니다.
④ 준비 운동을 하러 수영장에 갔습니다.

5.

> 저는 기차를 타고 부산에 가려고 했습니다. 1시에 기차가 떠나는데 기차역에 5분 늦게 도착했습니다. 기차가 출발해서 탈 수 없었습니다.

① 기차역에 1시에 갔습니다.
② 늦어서 기차를 못 탔습니다.
③ 기차가 5분 빨리 출발했습니다.
④ 저는 기차를 타고 부산에 갔습니다.

6.

> 저는 지하철보다 버스를 좋아합니다. 버스는 창밖을 구경할 수 있기 때문입니다. 버스를 타면 먼 곳으로 가도 심심하지 않습니다.

① 버스는 먼 곳을 갑니다.
② 지하철은 창문이 없습니다.
③ 버스는 창밖을 볼 수 있어서 좋습니다.
④ 저는 가까운 곳은 지하철을 이용합니다.

7.

> 이번 휴가에 친구들과 유럽으로 여행을 가려고 합니다. 우리는 유럽에 가 본 적이 없습니다. 여행 책과 인터넷을 보면서 여행 계획을 세우고 있습니다.

① 우리는 여행을 갈 것입니다.
② 친구는 유럽에 가 봤습니다.
③ 휴가 때 유럽에 다녀왔습니다.
④ 여행을 안내해주는 곳에 갔습니다.

8.

> 감기에 걸리면 과일과 뜨거운 차를 자주 먹어야 합니다. 또 목을 따뜻하게 하고 잠을 많이 자는 것이 좋습니다. 추운 날 옷을 얇게 입거나 여름에 에어컨을 오래 쓰는 것은 좋지 않습니다.

① 저는 감기에 자주 걸립니다.
② 잠을 잘 자면 감기에 걸리지 않습니다.
③ 겨울에 얇은 옷을 입으면 감기에 안 좋습니다.
④ 여름에 감기에 걸리면 음식을 많이 먹어야 합니다.

9.

> 집 근처에 큰 채소 가게가 생겼습니다. 종류도 많고 가격도 싸서 자주 이용합니다. 또 3만원이 넘으면 배달도 해주기 때문에 아주 편합니다.

① 배달은 오후에 해줍니다.
② 채소는 삼 만원이 넘습니다.
③ 채소 값이 비싸서 자주 가지 못합니다.
④ 저는 새로 생긴 채소 가게가 마음에 듭니다.

10.

> 도서관에서는 한 달에 한 번 유명한 영화를 보여줍니다. 저는 영화를 좋아하기 때문에 자주 보러 갑니다. 다음 달에는 어머니와 함께 가기로 했습니다.

① 저는 영화를 보러 극장에 갑니다.
② 어머니는 영화를 좋아하시지 않습니다.
③ 저는 어머니와 영화를 보러 갈 것입니다.
④ 도서관에서는 언제나 영화를 볼 수 있습니다.

11.

> 친구와 남대문 시장에 가기로 했습니다. 저는 옷을 사고 친구는 가방을 사려고 합니다. 가격이 비싸지 않았으면 좋겠습니다.

① 친구와 쇼핑을 갑니다.
② 남대문 시장은 옷 값이 비쌉니다.
③ 저와 친구는 가방만 살 것입니다.
④ 옷과 가방이 비싸지 않으면 살 것입니다.

5. 46번 ~ 48번 중심 생각 파악하기

주어진 글을 읽고 중심 생각을 찾는 문제입니다. '중심 생각'은 대화문이나 설명문 등의 글을 통해 나타내려고 하는 주제입니다. 세 개의 문장으로 구성된 지문을 읽고 문장 모두와 관계되는 것을 찾으면 됩니다.

5.1. 시간/상황으로 중심 생각 파악하기

먼저 문장을 읽을 때 무엇에 대한 이야기인지 '핵심어'를 찾습니다. 그리고 그것에 대한 설명이나 생각을 잘 정리해 봅시다.

❖ 다음을 읽고 중심 생각을 고르십시오.

1.

> 저는 아직 자전거를 타지 못 합니다. 그런데 학교 근처에 무료로 자전거를 빌려주는 곳이 생겼습니다. 또 거기서 자전거도 가르쳐 줍니다. 그래서 친구와 자전거 교실에 접수하려고 합니다.

① 저는 자전거를 잘 탑니다.
② 저는 자전거를 배울 것입니다.
③ 저는 무료로 자전거를 구했습니다.
④ 저는 학교에서 자전거를 배웁니다.

- 핵심어 : 자전거, 빌려주는 곳, 타다
- 설명 : '자전거를 못 탑니다.' – '자전거를 빌려 줍니다.' – '자전거 교실에 접수합니다.'
  자전거 교실은 자전거를 가르쳐 주는 곳입니다. 자전거를 못 타기 때문에 자전거를 무료로 빌려서 자전거를 배우려는 것을 말하고 있습니다.

먼저 문장을 읽을 때 무엇에 대한 이야기인지 '핵심어'를 찾습니다. 그리고 그것에 대한 설명이나 생각을 잘 정리해 봅니다.

❖ 다음을 읽고 중심 생각을 고르십시오.

1.

> 주희 씨에게 생일 초대를 받았습니다. 그래서 케이크를 만들었습니다. 주희 씨에게 케이크를 줄 겁니다.

① 오늘은 주희 씨 생일입니다.
② 저는 오늘 주희 씨 집에 갑니다.
③ 주희 씨가 생일케이크를 만들었습니다.
④ 저는 주희 씨 선물로 케이크를 준비했습니다.

- 핵심어 : 생일 케이크, 파티, 선물
- 설명 : '생일 초대를 받았습니다' – '케이크를 만들었습니다' – '그 케이크를 줄 겁니다'
  생일 초대를 받았을 때 보통 생일선물을 준비합니다. 그래서 이 사람은 생일선물로 직접 만든 케이크를 주려고 합니다.

2.

> 저는 길을 잘 기억하지 못해서 자주 가는 곳을 가도 길을 잘 잃어버립니다. 그런데 이제는 휴대폰으로 지도를 볼 수 있어서 길을 잘 찾을 수 있습니다. 이제 저는 나가기 전에 휴대폰으로 먼저 지도를 봅니다.

① 길을 자주 잃어버리면 힘듭니다.
② 저는 이제 길을 잃어버려도 찾을 수 있습니다.
③ 휴대폰으로 지도를 보는 것은 정말 어렵습니다.
④ 처음 가는 곳은 가족에게 전화해서 길을 물어봅니다.

- 핵심어 : 길, 지도, 휴대폰
- 설명 : '길을 잘 잃어버립니다' – '휴대폰으로 길을 찾을 수 있습니다' – '휴대폰으로 지도를 봅니다'

  휴대폰으로 지도를 볼 수 있기 때문에 길을 찾을 수 있습니다. 그래서 휴대폰으로 지도를 보면서 길을 찾을 수 있기 때문에 길을 잃어버리지 않는다는 것을 말하고 있습니다.

5.3. 부연 설명으로 중심 생각 파악하기

먼저 문장을 읽을 때 무엇에 대한 이야기인지 '핵심어'를 찾습니다. 그리고 그것에 대한 설명이나 생각을 잘 정리해 봅니다.

❖ 다음을 읽고 중심 생각을 고르십시오.

1.

> 어제 오후 친구와 시내에 갔습니다. 그곳에서 저는 옷과 가방, 화장품과 신발을 샀습니다. 그런데 돈을 너무 많이 써서 걱정이 됩니다. 이제부터는 쇼핑할 때 돈을 많이 쓰지 않으려고 합니다.

① 세일해서 쇼핑하러 갔습니다.
② 쇼핑은 언제나 친구와 합니다.
③ 저는 옷과 가방, 화장품과 신발을 많이 삽니다.
④ 앞으로 물건을 살 때 돈을 적게 쓰려고 합니다.

- 핵심어 : 돈, 쇼핑
- 설명 : '쇼핑을 했습니다' – '돈을 많이 썼습니다' – '돈을 많이 쓰지 않으려고 합니다'

  쇼핑을 했는데 생각 보다 많이 샀습니다. 그래서 앞으로 쇼핑할 때는 돈을 조금만 쓰려는 것을 말합니다.

2.

> 저는 혼자 여행을 자주 합니다. 혼자 생각할 시간도 있고, 새로운 사람들을 만날 수도 있습니다. 다음에 혼자 부산에 여행을 갈 것입니다.

① 저는 부산을 좋아합니다.

② 저는 혼자 생각하는 것을 좋아합니다.

③ 저는 혼자 여행하는 것을 좋아합니다.

④ 저는 사람들을 만나는 것을 좋아합니다.

- 핵심어 : 여행
- 설명 : 여행을 위한 여러 가지 과정 중에서 '누구와' 갈 것인지는 아주 중요합니다. 대부분 가족이나 친구와 함께 가지만 혼자 가는 것이 더 좋은 이유를 설명하고 있습니다.

〈연습문제〉

다음을 읽고 중심 생각을 고르세요.

1.

> 새해의 첫 주말입니다. 저는 일찍 일어나서 집 앞 공원을 1시간쯤 뛰었습니다. 이제부터 매주 주말마다 공원을 1시간쯤 뛰려고 합니다.

① 저는 공원에서 운동을 합니다.

② 새해부터 운동을 할 것입니다.

③ 주말에는 운동을 해야 합니다.

④ 저는 1시간씩 뛰는 것을 좋아합니다.

2.

> 저희 회사 앞 식당은 평일에 점심을 싸고 맛있게 먹을 수 있습니다. 그런데 늘 사람들이 많아서 빨리 가야 합니다. 그래서 식당에 일찍 가서 식사를 할 수 있었으면 좋겠습니다.

① 언제나 점심을 빨리 먹어야 합니다.
② 값이 싼 식당을 이용하고 싶습니다.
③ 값이 싼 회사 앞 식당을 이용하고 싶습니다.
④ 평일과 주말 모두 싸게 식사를 할 수 있습니다.

3.

> 지난 주말에 친구를 만나려고 시내에 갔습니다. 일찍 도착해서 가까운 서점에서 새로 나온 책을 읽으면서 친구를 기다렸습니다. 책을 읽으면서 기다리면 심심하지 않아서 좋습니다.

① 친구를 서점에서 만날 겁니다.
② 가까운 곳에 서점이 많습니다.
③ 친구에게 새로 나온 책을 주었습니다.
④ 저는 기다릴 때 책을 읽는 것을 좋아합니다.

4.

> 저는 세계 여행을 하고 싶습니다. 세계의 여러 나라 사람들을 만나 봤으면 좋겠습니다. 그래서 요즘 열심히 일을 하고 돈도 모으고 있습니다.

① 저는 세계여행을 해 봤습니다.
② 저는 다른 나라 친구들이 많습니다.
③ 세계 여행을 하려고 돈을 벌고 있습니다.
④ 저는 여행을 한 후 아르바이트를 합니다.

5.

> 제 친구를 요리를 잘 못했습니다. 그래서 6개월 동안 요리 학원에서 열심히 요리를 배웠습니다. 요리를 배운 후부터 제 친구는 맛있는 요리를 만들 수 있게 되었습니다.

① 저도 요리를 배우고 싶습니다.
② 친구는 이제 요리를 잘 합니다.
③ 저와 제 친구는 요리 학원에 다녔습니다.
④ 저와 제 친구는 식당에서 맛있는 요리를 먹었습니다.

6.

> 저는 K-pop을 정말 좋아합니다. 다음 달에 K-pop 콘서트가 있습니다. 저는 그 콘서트에 꼭 가 보고 싶습니다.

① 저는 콘서트에 항상 갑니다.
② 저는 모든 음악을 다 좋아합니다.
③ 저는 K-pop 콘서트에 가 봤습니다.
④ 저는 K-pop 콘서트에 갔으면 좋겠습니다.

7.

> 제가 사는 인도네시아에는 눈이 온 적이 없어서 한국에 와서 눈을 보고 많이 놀랐습니다. 하얀 눈이 나무에 쌓이면 무척 아름답습니다.

① 눈은 오면서 쌓입니다.
② 저는 겨울을 좋아합니다.
③ 저는 눈이 오는 것이 좋습니다.
④ 인도네시아는 여름에 눈이 오지 않습니다.

8.

> 저는 새해 달력을 받으면 항상 가족과 친구들의 생일을 적습니다. 이렇게 생일을 써 놓으면 잊어버리지 않기 때문입니다. 또 미리 선물도 준비할 수 있어서 좋습니다.

① 달력에 생일을 쓰면 기억하기 쉽습니다.
② 저는 사람들의 생일을 자주 잊어버립니다.
③ 저는 달력에 선물할 사람을 적어 놓습니다.
④ 저는 사람들에게 새해 선물로 달력을 선물합니다.

9.

> 아버지는 요즘 어머니와 자주 산책을 가십니다. 왜냐하면 집 근처에 멋있는 공원이 생겼기 때문입니다. 두 분은 저녁을 드시고 거의 날마다 공원으로 가십니다.

① 집 근처에 공원이 생겼습니다.
② 부모님은 공원 산책을 즐기십니다.
③ 저는 부모님과 저녁 식사를 합니다.
④ 아버지는 식사 전에 운동을 하십니다.

10.

> 저는 핸드폰으로 전화도 하지만 사진도 찍고 사전도 사용합니다. 또 인터넷도 쓰고, 교통 정보도 봅니다. 그런데 제 핸드폰이 좀 작아서 큰 것으로 바꿨으면 좋겠습니다.

① 저는 옛날 핸드폰이 더 좋습니다.
② 저는 핸드폰으로 사진만 찍습니다.
③ 저는 핸드폰을 새로 사고 싶습니다.
④ 저는 핸드폰을 잘 사용하지 않습니다.

글 내용과 관계되는 어휘/표현을 찾는 문제입니다. 빈칸 앞 또는 뒤의 문장과 관계되는 표현을 찾으시면 됩니다.

'같은 내용 고르기'는 문제로 나온 글을 자세히 알아야 풀 수 있는 문제입니다. 하지만 제시된 글과 전혀 다른 것이 답으로 나오지는 않으니 본문의 글과 비교하면서 세부 내용을 파악해보시기 바랍니다.

이 파트는 한 개의 지문을 읽고 두 문제를 풀어야 합니다. 첫 번째 문제는 '알맞은 어휘 고르기', 두 번째 문제는 '같은 내용 고르기'입니다.

6.1. 알맞은 어휘 고르기 1

다음 이야기를 대표할 수 있는 어휘나 문장을 골라야 합니다. 글을 읽으면서 예를 들어 설명하고 있는 어휘나 문장들을 찾고 그것을 대표할 수 있는 표현을 생각해 봅니다.

❖ [1~2] 다음을 읽고 물음에 답하십시오.

여러분은 언제 부모님이 보고 싶습니까? 저는 (㉠) 부모님이 보고 싶습니다. 어렸을 때 제가 몸이 아프면 어머니께서 맛있는 음식을 해 주셨습니다. 또, 아버지께서는 약을 사 오셨습니다. 그래서 감기에 걸리거나 배가 아프면 부모님이 생각납니다. 하지만 지금은 부모님을 만날 수 없기 때문에 대신 전화를 합니다. 몸이 아파도 부모님의 목소리를 들으면 기분이 좋습니다.

1. (㉠)에 들어갈 알맞은 말을 고르십시오.
   ① 요리를 할 때
   ② 날씨가 좋을 때

③ 친구를 만날 때
④ 건강이 안 좋을 때

- 설명 : '-(으)ㄹ 때 부모님이 보고 싶습니다' 부모님이 언제 보고 싶은지를 찾아야 합니다. '감기에 걸리거나 배가 아프면 부모님이 생각이 납니다' 문장에서 '감기에 걸리거나 배가 아프면'을 대표할 수 있는 표현은 '건강이 안 좋을 때'로 볼 수 있습니다.

6.2. 같은 내용 고르기 1

문제지의 내용을 윗글에서 하나씩 찾아 확인합니다.

2. 이 글의 내용과 같은 것을 고르십시오.
① 저는 지금 아픕니다.
② 몸이 아프면 부모님 생각이 납니다.
③ 부모님이 보고 싶을 때 전화를 합니다.
④ 부모님과 통화를 하면 아프지 않습니다.

① 저는 지금 아픕니다.
　: 보통의 상황 ' 몸이 아프면, 감기에 걸리거나 배가 아프면'을 설명하고 있습니다. 지금 아픈 것은 알 수 없습니다.
② 몸이 아프면 부모님 생각이 납니다.
　: '감기에 걸리거나 배가 아프면' 다시 말해 '몸이 아프면' 부모님이 생각납니다.
③ 부모님이 보고 싶을 때 전화를 합니다.
　: 보고 싶을 때 전화하는 것은 알 수 없습니다.
④ 부모님과 통화를 하면 아프지 않습니다.
　: 보통 아프면 기분이 안 좋은데, 아플 때 부모님의 목소리를 들으면 아파도 기분이 좋아집니다. 그렇지만 아프지 않은 것은 아닙니다.

　다음 이야기를 대표할 수 있는 어휘나 문장을 골라야 합니다. 글을 읽으면서 예를 들어 설명하고 있는 어휘나 문장들을 찾고 그것을 대표할 수 있는 표현을 생각해 봅니다.

❖ [3~4] 다음을 읽고 물음에 답하십시오.

> 　요즘에는 인터넷에서 책을 (㉠). 인터넷으로 책을 사고 싶으면 우선 책의 제목이나 책을 쓴 사람의 이름으로 책을 찾습니다. 책을 주문하고 나서 배달 받을 주소를 적습니다. 그러면 2~3일 내에 책을 받을 수 있습니다. 서점에 갈 수 없을 때, 밤이나 휴일에도 살 수 있어서 정말 편합니다.

3. (㉠)에 들어갈 알맞은 말을 고르십시오.
　　① 살 수 있습니다.
　　② 볼 수 있습니다.
　　③ 빌릴 수 있습니다.
　　④ 찾을 수 있습니다.

■ 설명 : 인터넷은 직접 가게에 가지 않아도 물건을 살 수 있어서 편리하고 좋습니다. 텔레비전이나 컴퓨터처럼 비싸고 큰 물건, 책이나 음식처럼 언제나 필요한 것도 쉽게 살 수 있습니다.

문제지의 내용을 윗글에서 하나씩 찾아 확인합니다.

4. 이 글의 내용과 같은 것을 고르십시오.
　　① 책을 주문하면 다음날 도착합니다.
　　② 책 제목으로만 책을 찾을 수 있습니다.
　　③ 받을 사람의 이름만 있으면 주문할 수 있습니다.
　　④ 인터넷으로 언제든지 책을 주문할 수 있습니다.

① 책을 주문하면 다음날 도착합니다.

　: 거리가 먼 지역은 2~3일 걸립니다.

② 책 제목으로만 책을 찾을 수 있습니다.

　: 인터넷으로 책을 사는 방법을 설명하고 있습니다.

③ 받을 사람의 이름만 있으면 주문할 수 있습니다.

　: 이름과 책을 받을 수 있는 주소가 필요합니다.

④ 인터넷으로 언제든지 책을 주문할 수 있습니다.

　: 인터넷을 사용할 수 있는 곳에서는 언제나 쇼핑을 할 수 있습니다.

〈연습문제〉

❖ [1~2] 다음을 읽고 물음에 답하십시오.

> 보통 소포는 비행기나 배로 보낼 수 있습니다. 비행기는 배보다 빠르지만 비쌉니다. 그래서 어제 저는 배로 친구 생일 선물을 보냈습니다. 왜냐하면 시간은 오래 걸리지만 (㉠) 때문입니다. 소포가 친구에게 잘 도착했으면 좋겠습니다.

1. (㉠)에 알맞은 말을 고르십시오.

　① 더 싸기　　　　② 더 빠르기　　　　③ 더 편리하기　　　　④ 더 안전하기

2. 이 글의 내용과 같은 것을 고르십시오.

　① 배가 비행기보다 느립니다.

　② 소포는 배로만 보내야 합니다.

　③ 친구는 선물을 잘 받았습니다.

　④ 친구 생일 선물을 비행기로 보냈습니다.

❖ [3~4] 다음을 읽고 물음에 답하십시오.

> 민호 씨, 내일 시간이 있어요? 내일 제 생일이에요. (㉠) 내일 생일파티를 할 거예요. 제 생일 파티에 민호 씨를 꼭 초대하고 싶어요. 민호 씨가 꼭 와 주셨으면 좋겠어요.
>
> 이 메시지를 보면 연락주세요.
> — 수정 —

3. (㉠)에 들어갈 알맞은 말을 고르십시오.

① 그리고   ② 그래서   ③ 그러나   ④ 그러면

4. 이 글의 내용과 같은 것을 고르십시오.

① 내일은 민호 씨의 생일입니다.
② 민호 씨는 내일 약속이 있습니다.
③ 민호 씨와 수정 씨는 내일 만날 겁니다.
④ 수정 씨는 민호 씨의 연락을 기다립니다.

❖ [5~6] 다음을 읽고 물음에 답하십시오.

> 처음 한국에 왔을 때 쓰레기를 버리는 방법을 잘 몰라서 실수를 했습니다. 한국에서는 휴지 같은 쓰레기는 '일반 쓰레기통'에 버려야 합니다. 그리고 유리병이나 종이같이 다시 쓸 수 있는 쓰레기는 '재활용 쓰레기통'에 버려야 합니다. 앞으로는 (㉠) 쓰레기는 재활용 쓰레기통에 버리려고 합니다.

5. (㉠)에 들어갈 알맞은 말을 고르십시오.

① 다시 볼 수 있는   ② 다시 먹을 수 있는   ③ 다시 버릴 수 있는   ④ 다시 사용할 수 있는

6. 이 글의 내용과 같은 것을 고르십시오.

① 쓰레기를 잘 나눠 버려야 합니다.
② 휴지와 종이는 같이 버려도 됩니다.
③ 쓰레기를 버릴 때마다 실수를 합니다.
④ 쓰레기를 버리는 방법을 잘 모릅니다.

❖ [7~8] 다음을 읽고 물음에 답하십시오.

> 저는 친구들과 한국의 식당에서 일합니다. 4년 동안 가족을 만나지 못했기 때문에 많이 보고 싶습니다. 하지만 아직 일이 많아서 고향에 (㉠). 다음 휴가 때는 꼭 고향에 가서 가족도 만나서 고향 음식을 먹으면서 함께 이야기를 나누고 싶습니다.

7. (㉠)에 들어갈 알맞은 말을 고르십시오.
   ① 갈까 합니다   ② 만났습니다   ③ 쉬려고 합니다   ④ 갈 수 없습니다

8. 이 글의 내용과 같은 것을 고르십시오.
   ① 4년 동안의 한국 생활
   ② 고향에 가고 싶은 마음
   ③ 가족과 함께한 이야기
   ④ 한국 식당에서 일했던 경험

❖ [9~10] 다음을 읽고 물음에 답하십시오.

> 봄에는 비가 자주 오지 않습니다. 그렇기 때문에 봄은 다른 계절보다 산불을 조심해야 합니다. 산불은 대부분 산에 놀러간 사람들의 실수로 납니다. 담배를 피우거나 불을 이용해 요리를 하는 일은 (㉠) 위험합니다. 오랜 기간 자란 나무들이 한 번의 산불로 모두 없어집니다. 산불로 없어진 나무들을 다시 처음처럼 자라려면 약 40년에서 100년의 시간이 필요합니다.

9. (㉠)에 들어갈 알맞은 말을 고르십시오.
   ① 아주   ② 조금   ③ 보통   ④ 자주

10. 이 글의 내용과 같은 것을 고르십시오.
   ① 산불은 도시에서 자주 납니다.
   ② 나무들이 다 자라는데 40년도 안 걸립니다.
   ③ 산에서 요리를 할 때는 더 주의를 해야 합니다.
   ④ 여름과 가을, 겨울에는 산불이 나지 않습니다.

❖ [11~12] 다음을 읽고 물음에 답하십시오.

> 　나라가 다르면 문화도 다릅니다. 한국은 버스 안에서 전화를 해도 되지만 일본은 버스 안에서 전화를 하면 안 됩니다. 그리고 한국 지하철 안에서는 물을 마셔도 되지만 싱가포르 지하철 안에서는 물을 마시면 안 됩니다. 해외여행을 할 때 다른 문화를 미리 알고 가면 (㉠) 하지 않을 것입니다.

11. (㉠)에 들어갈 알맞은 말을 고르십시오.
　① 실수를　　　　② 추억을　　　　③ 약속을　　　　④ 이용을

12. 이 글의 내용과 같은 것을 고르십시오.
　① 나라마다 문화가 다릅니다.
　② 한국의 문화는 특별하지 않습니다.
　③ 일본 지하철에서 물을 마시면 안 됩니다.
　④ 싱가포르 버스 안에서는 전화를 하면 안 됩니다.

❖ [13~14] 다음을 읽고 물음에 답하십시오.

> 　많은 사람들이 오랜 시간 동안 컴퓨터와 휴대폰으로 일을 하거나 영화도 보고, 공부도 합니다. 그런데 컴퓨터나 휴대폰을 쓰면 자주 머리를 아래로 하거나 턱을 길게 빼게 됩니다. 그러나 이런 행동은 목 건강에 좋지 않습니다. (㉠) 자주 목 운동을 하고 50분 정도 일을 한 후 10분간 잠시 쉬는 것이 좋습니다.

13. (㉠)에 들어갈 알맞은 말을 고르십시오.
　① 그러면　　　　② 하지만　　　　③ 그렇지만　　　　④ 그렇기 때문에

14. 이 글의 내용과 같은 것을 고르십시오.
　① 많은 사람들이 공부할 때 휴대폰을 씁니다.
　② 컴퓨터와 휴대폰으로 많은 일을 해야 합니다.
　③ 목이 안 좋으면 컴퓨터와 휴대폰을 사용할 수 없습니다.
　④ 컴퓨터와 휴대폰을 오래 사용한 후에는 운동을 하는 것이 좋습니다.

❖ [15~16] 다음을 읽고 물음에 답하십시오.

> '맛집 탐방'을 아십니까? '맛집 탐방'은 맛있는 음식을 만드는 유명한 식당을 찾아가서 (㉠) 여행입니다. 유명한 식당은 인터넷으로 쉽게 찾을 수 있습니다. 유명한 식당에 찾아 가는 것은 재미있습니다. 그리고 맛있는 음식을 먹으면 기분도 좋아질 겁니다. 여러분도 맛있는 음식을 드시고 싶으십니까? 그러면 '맛집 탐방'을 해 보십시오.

15. (㉠)에 들어갈 알맞은 말을 고르십시오.

① 음식을 찾는　　　② 음식을 보는　　　③ 음식을 먹는　　　④ 음식을 배우는

16. 이 글의 내용과 같은 것을 고르십시오.

① 식당에 직접 가서 음식을 먹습니다.

② 인터넷으로 음식을 시킬 수 있습니다.

③ 기분이 좋을 때 맛있는 음식을 먹습니다.

④ 집에서 먹고 싶은 음식을 만들어 먹습니다.

'순서 파악하기'는 문장의 순서를 찾는 문제입니다. 한국어능력시험 중급에 있던 문제 유형이지만 어렵지 않습니다. '시간, 원인/결과, 소개/내용' 등으로 주어진 네 개의 문장의 관계를 생각하면 됩니다.

지시어 접속어의 사용

그리고 : 앞 문장과 뒷 문장이 두 가지 이상의 같은 조건을 말하는 경우, 과거와 현재 또는 현재와 미래 등 시간을 나타낼 때 사용합니다.

그래서 : 원인/이유로 만들어진 결과를 설명할 때 사용합니다.

그러나 : 반대되는 상황이나 생각을 말하고자 할 때 사용합니다.

그러면 : 어떤 조건이 잘 지켜질 때 얻을 수 있는 결과를 나타낼 때 사용합니다.

그러니까 : 어떠한 상황으로 생겼거나 생길 수 있는 결과를 추측하거나 설명할 때 사용합니다.

그런데 / 하지만 / 그렇지만 : 미리 생각했던 상황과 반대이거나 다른 상황이 생겼을 때 사용합니다.

7.1. 시간 / 상황으로 순서 파악하기

1. 다음을 순서대로 맞게 나열한 것을 고르십시오.

(가) 그래서 회사에 금방 올 수 있었습니다.

(나) 아침에 창밖을 보니 눈이 많이 와 있었습니다.

(다) 출근시간에 길이 많이 막힐 것 같아서 조금 일찍 나왔습니다.

(라) 다음에도 날씨가 안 좋으면 집에서 일찍 출발하려고 합니다.

① (나) – (다) – (라) – (가)

② (나) – (라) – (가) – (나)

③ (나) – (가) – (다) – (라)

④ (나) – (다) – (가) – (라)

- 외출을 하거나 출근을 할 때는 날씨를 미리 알아보는 사람들이 많습니다. 출퇴근 시간이나 등하교 시간에는 날씨의 상황에 따라서 미리 나갈 준비를 합니다.

(나) 눈이 와 있었습니다. – (다) 눈 때문에 길이 막힐 것 같아서 일찍 나왔습니다. – (가) 그래서 회사에 일찍 도착했습니다. – (라) 다음에도 날씨가 안 좋으면 일찍 나오겠습니다.

7.2. 원인/결과로 순서 파악하기

1. 다음을 순서대로 맞게 나열한 것을 고르십시오.

> (가) 그래서 이번 공휴일에 친구들과 한국 민속촌에 가기로 했습니다.
> (나) 드라마 찍는 곳에 가 보고 싶어 합니다.
> (다) 저는 친구들을 위해서 드라마를 찍고 있는 곳을 찾아보았습니다.
> (라) 제 친구들은 한국 드라마를 좋아합니다.

① (라) – (나) – (다) – (가)
② (라) – (다) – (가) – (나)
③ (라) – (나) – (가) – (다)
④ (라) – (가) – (다) – (나)

- 친구들이 가보고 싶어 하는 장소를 알아보고 함께 놀러 갈 준비를 하는 과정을 말하고 있습니다.

(라) 제 친구들은 한국 드라마를 좋아합니다 – (나) 언제나 드라마를 찍는 곳에 가보고 싶어 합니다. – (다) 저는 친구들을 위해서 드라마를 찍고 있는 곳을 찾아보았습니다. – (가) 그래서 이번 공휴일에 친구들과 민속촌에 가기로 했습니다.

1. . 다음을 순서대로 맞게 나열한 것을 고르십시오.

> (가) 그래서 이번 달에 문화센터에서 하는 요리 수업을 신청했습니다.
>
> (나) 열심히 배워서 여름에 있는 아버지 생신 때 케이크를 만들 겁니다.
>
> (다) 특히 빵 만드는 방법을 알고 싶습니다.
>
> (라) 저는 취미로 요리를 배우려고 합니다.

① (라) – (나) – (가) – (다)

② (라) – (다) – (나) – (가)

③ (라) – (가) – (다) – (나)

④ (라) – (다) – (가) – (나)

- 앞으로 요리를 배워서 아버지의 생일에 케이크를 선물하려고 요리 수업을 신청했습니다.

(라) 저는 취미로 요리를 배우려고 합니다. – (다) 특히 빵 만드는 방법을 알고 싶습니다. – (가) 그래서 이번 달에 문화센터에서 하는 요리 수업을 신청했습니다. – (나) 열심히 배워서 이번 여름에는 아버지 생신 때 케이크를 만들 겁니다.

〈연습문제〉

1. 다음을 순서대로 맞게 나열한 것을 고르십시오.

> (가) 어머니께서 3년 전에 큰 수술을 하셨습니다.
>
> (나) 요즘은 운동을 열심히 하셔서 많이 나아지셨습니다.
>
> (다) 저는 어머니께서 지금처럼 항상 건강하셨으면 좋겠습니다.
>
> (라) 수술 후 1년 동안 잘 걷지도 못하시고 잘 드시지도 못했습니다.

① (가) – (다) – (라) – (나)
② (가) – (다) – (나) – (라)
③ (가) – (라) – (나) – (다)
④ (가) – (나) – (다) – (라)

2. 다음을 순서대로 맞게 나열한 것을 고르십시오.

> (가) 그래서 지금 대학교에서 패션디자인을 전공하고 있습니다.
>
> (나) 저는 어렸을 때부터 패션에 관심이 많았습니다.
>
> (다) 공부가 끝난 후에 제 이름의 회사를 만드는 것이 제 꿈입니다.
>
> (라) 대학교를 졸업하고 프랑스로 유학도 가려고 합니다.

① (나) – (라) – (다) – (가)
② (나) – (다) – (가) – (라)
③ (나) – (다) – (라) – (가)
④ (나) – (가) – (라) – (다)

3. 다음을 순서대로 맞게 나열한 것을 고르십시오.

> (가) 돈을 모으면 다음 휴가 때 아프리카에 가 보려고 합니다.
>
> (나) 이때까지 부산, 경주, 동해, 제주도 등 국내 여행을 많이 했습니다.
>
> (다) 그래서 이제는 해외여행을 가려고 아르바이트를 하고 있습니다.
>
> (라) 저는 여행을 좋아합니다.

① (라) − (나) − (다) − (가)
② (라) − (가) − (다) − (라)
③ (라) − (가) − (나) − (다)
④ (라) − (다) − (라) − (가)

4. 다음을 순서대로 맞게 나열한 것을 고르십시오.

> (가) 그래서 이 산은 언제나 저에게 편하고 좋은 곳입니다.
>
> (나) 또 저도 힘들거나 어려운 일이 생기면 혼자 산책을 오기도 합니다.
>
> (다) 제가 가장 좋아하는 산은 저희 동네 뒷산입니다.
>
> (라) 어릴 때부터 저희 가족은 뒷산으로 자주 등산을 하러 갔습니다.

① (다) − (가) − (나) − (라)
② (다) − (라) − (나) − (가)
③ (다) − (나) − (라) − (가)
④ (다) − (가) − (나) − (라)

8. 59번 ~ 66번 내용 파악하기 / 같은 내용 고르기

글 내용과 관계되는 어휘/표현을 찾는 문제입니다. 문장을 지문 안에 넣거나 빈칸에 알맞은 표현을 넣는 문제와 글 쓴 목적을 찾는 문제가 있습니다.

'같은 내용 고르기'는 문제로 나온 글을 자세히 알아야 풀 수 있는 문제입니다. 하지만 제시된 글과 전혀 다른 것이 답으로 나오지는 않으니 본문의 글과 비교하면서 세부 내용을 파악해보시기 바랍니다.

이 파트는 한 지문을 읽고 두 문제를 풀어야 합니다. 첫 번째 문제는 '알맞은 어휘 고르기'나 글을 쓴 '목적 찾기', 두 번째 문제는 '같은 내용 고르기'입니다.

8.1. 맥락 활용하기

여러 가지 유형의 문제가 나옵니다. '알맞은 어휘나 표현' 이외에도 '글 안에 한 문장을 넣기', '이 글을 쓴 목적 찾기'의 문제가 있습니다. 글의 전체적인 흐름을 알아야 합니다.

> 여러분은 청소를 할 때 어떤 순서로 하십니까? (㉠) 저는 제일 먼저 창문을 열어서 집안의 공기를 바꿉니다. (㉡) 그리고 세탁기로 빨래를 합니다. (㉢) 빨래는 시간이 오래 걸리기 때문에 그 동안 부엌 정리를 합니다. (㉣) 그리고 화장실에서 냄새가 나지 않도록 문을 열어 놓습니다. 다음은 방과 침대를 정리하고 집으로 들어오는 문 주변을 청소합니다.

1. 다음 문장이 들어갈 곳을 고르십시오.

> 설거지와 그릇 정리가 끝나면 화장실 청소를 합니다.

① ㉠   ② ㉡   ③ ㉢   ④ ㉣

- 글의 흐름: 청소 순서에 대한 글입니다. '창문 열기 – 빨래 – 부엌 정리 – 화장실 청소 – 방, 침대 정리 – 현관문 청소'의 순서로 청소합니다.

- 이 문장은 '설거지와 그릇 정리가 끝난 후에 화장실을 청소한다'는 것을 말합니다. 그러므로 '설거지와 그릇 정리'이야기를 찾으면 됩니다. '부엌 정리를 합니다' 뒤에 이 문장이 들어가면 좋습니다.

8.2. 같은 내용 고르기

글의 내용을 윗글에서 하나씩 찾아 확인합니다.

2. 이 글의 내용과 같은 것을 고르십시오.

① 저는 청소를 좋아합니다.

② 쓰레기는 문 옆에 모아 놓습니다.

③ 저는 정해진 순서대로 청소를 합니다.

④ 세탁기는 빨래가 끝나면 문을 열어둡니다.

① 저는 청소를 좋아합니다.

: '좋아하는 것'을 말할 때는 '자주, 몇 번' 등 '얼마나 자주'하는지에 대한 설명이 있어야 합니다. 청소를 좋아한다는 표현은 없습니다.

② 쓰레기는 문 옆에 모아놓습니다.

: 청소의 순서에 대한 글이며 쓰레기를 정리하는 방법에 대한 내용은 없습니다.

③ 저는 정해진 순서대로 청소를 합니다.

: 청소하는 순서를 정해진 대로 설명하고 있습니다.

④ 세탁기는 빨래가 끝나면 문을 열어 둡니다.

: 세탁기는 빨래를 하는 동안 사용하지만 그 후에 대한 것은 알 수 없습니다.

〈연습문제〉

❖ [1~2] 다음을 읽고 물음에 답하십시오.

> 여러분의 첫인상은 어떻습니까? (㉠) 사람을 처음 만날 때 여러분의 첫인상은 5초 안에 결정됩니다. (㉡) 다른 사람을 바라보는 눈과 목소리, 입은 옷들이 첫인상이 됩니다. (㉢) 좋은 인상을 만들려면 무엇보다 다른 사람의 이야기를 잘 들어주어야 합니다. (㉣) 이야기를 열심히 잘 들어주는 사람에게는 좋은 마음도 생기기 때문입니다.

1. 다음 문장이 들어갈 곳을 고르십시오.

> 그러면 좋은 인상을 만드는 방법은 무엇일까요?

① ㉠   ② ㉡   ③ ㉢   ④ ㉣

2. 이 글의 내용과 같은 것을 고르십시오.
   ① 비싼 옷을 입으면 첫인상이 좋습니다.
   ② 첫인상은 처음 만났을 때는 없습니다.
   ③ 첫인상은 만날 때마다 다시 만들면 됩니다.
   ④ 다른 사람의 말을 잘 들어주면 좋은 인상을 줄 수 있습니다.

❖ [3~4] 다음을 읽고 물음에 답하십시오.

> 제 고향은 한국 전주입니다. 전주는 서울에서 차로 3시간쯤 걸립니다. (㉠) 제 고향은 서울보다 작고 사람들도 적습니다. (㉡) 제 고향은 비빔밥과 한옥마을이 아주 유명합니다. 비빔밥은 많은 사람들이 좋아하는 한국 음식입니다. (㉢) 한옥마을은 한국의 옛날 집이 많이 있는 곳입니다. 그래서 외국 사람들이 많이 옵니다. (㉣) 또, 제 고향 사람들은 모두 친절하고 착합니다. 저는 제 고향이 아주 좋습니다.

3. 다음 문장이 들어갈 곳을 고르십시오.

> 비빔밥은 조금 맵지만 맛있습니다.

① ㉠　　　　　② ㉡　　　　　③ ㉢　　　　　④ ㉣

4. 이 글의 내용과 같은 것을 고르십시오.
　① 비빔밥은 한국 사람들만 먹습니다.
　② 제 고향은 서울보다 큰 도시입니다.
　③ 제 고향 사람들은 한옥에서 삽니다.
　④ 외국 사람들은 제 고향에 많이 놀러 옵니다.

❖ [5~6] 다음을 읽고 물음에 답하십시오.

> 　기차는 빠르고 시간도 정확하기 때문에 편리합니다. (㉠) 기차가 늦어졌을 때에는 기차역에서 돈을 돌려줍니다. (㉡) 도착 예정시간보다 1시간 반이 늦어지면 'KTX'기차는 50% 돌려받을 수 있습니다. '새마을호'기차는 25% 받을 수 있습니다. (㉢) 기차 종류마다, 늦어진 시간마다 돌려주는 돈을 다릅니다. (㉣) 그러므로 기차가 약속된 시간을 지키지 못했을 때는 기차역에 가서 돈을 돌려받을 수 있는지 알아보는 것이 좋습니다.

5. 다음 문장이 들어갈 곳을 고르십시오.

> 그러나 가끔 기차가 고장이 났거나 사고가 나서 늦어질 때도 있습니다.

① ㉠　　　　　② ㉡　　　　　③ ㉢　　　　　④ ㉣

6. 이 글의 내용과 같은 것을 고르십시오.
　① 모든 기차는 항상 정확합니다.
　② KTX 기차가 2시간 늦으면 25%를 돌려줍니다.
　③ 기차가 늦게 도착하면 돈을 받을 수 있습니다.
　④ 모든 기차는 1시간 반이 늦으면 50%를 돌려줍니다.

❖ [7~8] 다음을 읽고 물음에 답하십시오.

> 산에 가면 많은 새들이 살고 있습니다. (㉠) 그러나 언제나 같은 종류의 새가 있는 것은 아닙니다. (㉡) 겨울만 보내고 북쪽으로 가는 새도 있고, 여름만 보내고 다시 남쪽으로 돌아가는 새도 있습니다. (㉢) 또 너무 날씨가 추우면 조금 더 따뜻한 곳으로 내려가서 겨울을 지내기도 합니다. (㉣) 이렇게 계절마다 지역을 이동하는 새들을 '철새'라고 부릅니다.

7. 다음 문장이 들어갈 곳을 고르십시오.

> 새끼를 키우기 좋은 곳에서 알을 낳고 싶어 하기 때문입니다.

① ㉠　　　　　② ㉡　　　　　③ ㉢　　　　　④ ㉣

8. 이 글의 내용과 같은 것을 고르십시오.
　① 새들은 추운 곳에서 못 삽니다.
　② 철새들은 같은 곳에서 살 수 있습니다.
　③ 가을과 겨울에는 산에 새들이 없습니다.
　④ 새들은 살기 좋은 곳으로 옮겨 다닙니다.

8.3. 글을 쓴 목적 파악하기

　글을 통해 말하려고 하는 목적을 골라야 합니다. 편지, 광고, 설명 등 다양한 글의 내용 안에서 전달하고자 하는 주제를 찾으십시오.

1. 관광 안내소에서는 왜 이 글을 썼습니까?

> **한국의 철도역 이름**
>
> 　한국의 전철역 중에는 유명한 사람의 이름이나 소설의 제목을 쓰는 곳이 있습니다. 서울에서 춘천으로 가는 전철역 중에는 '김유정'역이 있습니다. 김유정은 한국의 소설가인데 '김유정'역은 김유정이

태어난 곳입니다. 그리고 서울에서 경기도로 내려오는 전철역에는 '상록수'역이 있습니다. '상록수'는
많은 사람들이 좋아하는 한국의 소설 제목입니다.

① '김유정'역과 '상록수'역에 대해 알리려고
② 한국의 전철역 이름 몇 개를 소개하려고
③ 전철역의 이름을 만드는 방법을 설명하려고
④ 잘 알려진 소설가가 있는 전철역을 광고하려고

① '김유정'역과 '상록수'역에 대해 알리려고

  : '김유정 역'과 '상록수 역'은 예로 말해준 것입니다.

② 한국의 전철역 이름 몇 개를 소개하려고

  : 철도역의 이름이 어떻게 지어졌는지 재미있게 설명하고 있습니다.

③ 전철역의 이름을 만드는 방법을 설명하려고

  : 이름이 만들어진 배경을 알려주고 있습니다.

④ 잘 알려진 소설가가 있는 전철역을 광고하려고

  : 한국 사람에게 유명한 소재를 전철역 이름으로 사용한다는 것을 설명하고 있습니다.

2. 모하메드 씨는 왜 이 글을 썼습니까?

선생님, 안녕하세요.

머칠 전 수업에 다녀간 '모하메드'입니다.

'한옥마을'에 초대해 주셔서 감사합니다. 정말 좋은 경험을 할 수 있었습니다. 한국의 전통 집을 본 것도 처음이었고, 그곳에서 잔 것도 처음이었습니다. 정말 신기했습니다. 떡도 직접 만들어 먹어 보고, 한복도 입어 보고 정말 특별한 경험이었습니다. 한국문화에 관심이 더 많아졌습니다. 다음에 기회가 되면 다시 한 번 가고 싶습니다. 정말 감사했습니다.

– 모하메드 –

보내는 사람

모하메드

받는 사람

윤현서 선생님께

① 한옥마을에 선생님을 찾아가려고

② 선생님을 한옥마을에 초대하고 싶어서

③ 한옥마을에 초대해 주신 선생님께 감사해서

④ 한옥마을에서 같이 떡을 만든 선생님을 초대하고 싶어서

① 한옥마을에 선생님을 찾아가려고

　: 모하메드 씨는 이미 선생님을 만났습니다.

② 선생님을 한옥마을에 초대하고 싶어서

　: 모하메드 씨는 한옥마을에 다시 가보고 싶습니다.

③ 한옥마을에 초대해 주신 선생님께 감사해서

　: 모하메드 씨는 윤현서 선생님의 초대로 한옥마을에 다녀왔습니다.

④ 한옥마을에서 같이 떡을 만든 선생님을 초대하고 싶어서

　: 모하메드 씨는 선생님께 감사해서 이 글을 썼습니다.

〈연습문제〉

❖ 다음을 읽고 물음에 답하십시오.

1. 유학생 정보센터는 왜 이 글을 썼습니까?

한국인 친구가 여러분을 기다립니다!

아직 한국어가 어렵고 리포트 쓰는 것이 힘듭니까?

한국생활을 도와줄 한국인 친구를 만나십시오! 유학생 정보센터에서 도와드립니다!

신청 기간 : 학기 중 언제나

신청 장소 : 유학생 정보 센터 2층

신청 조건 : 학생증, 신청서

* 자세한 내용은 유학생 정보 센터 홈페이지를 보세요.

① 새로운 한국어 수업을 안내하려고

② 유학생 정보 센터의 위치를 알려주려고

③ 외국인 학생들에게 리포트 자료를 주려고

④ 외국인 유학생을 도와줄 한국인 친구를 소개시켜 주려고

2. 영희 씨는 왜 이 글을 썼습니까?

새로운 문자메시지	
5/12 pm 2:43	김영희 010–123–4567

　　마리아 씨에게 부탁할 것이 있어요. 내일 할머니 생신이어서 케이크를 직접 만들어 드리고 싶은데요. 혼자 해 보니까 잘 안 돼서요. 시간이 있으면 마리아 씨가 가르쳐 줬으면 좋겠어요. 이 메시지 보면 꼭 연락주세요.

① 마리아 씨에게 케이크를 주려고

② 마리아 씨에게 케이크를 빌리려고

③ 마리아 씨에게 케이크 만드는 것을 배우려고

④ 마리아 씨에게 케이크를 만드는 것을 부탁하려고

3. 한국 여행사는 왜 이 글을 썼습니까?

받는 사람	suji@korea.kr
제목	한국 여행사입니다
보낸 사람	hankook@korea.kr

안녕하세요, 윤수지 님.

저희 여행사를 이용해 주셔서 감사합니다.

> 즐거운 여행하셨기를 바랍니다.
>
> 저희 여행사를 이용해 주신 분들께 감사의 선물을 드립니다.
>
> 1. 다음에 다시 여행사를 이용해 주시면 10% 할인을 해 드립니다.
>
> 2. 여행을 다녀오신 후 느낌을 홈페이지에 써 주시면 액자를 드립니다.
>
> 다음에도 다시 찾아주시기 바랍니다.
>
> — 한국 여행사 —

① 여행 예약해 주려고
② 여행 준비 도와주려고
③ 여행 일정을 알려주려고
④ 여행사 선물에 대해 알려주려고

4. 민속 박물관에서는 왜 이 글을 썼습니까?

> **세계의 멋진 건물 사진 전시회**
>
> 전시 기간 : 9월 11일 ~ 13일
>
> 전시 시간 : 오전 9시 ~ 오후 6시
>
> 전시 장소 : 민속 박물관 1층
>
> 전시 순서 : 9월 11일 아시아 / 중동
>
>   9월 12일 아메리카 / 호주
>
>   9월 13일 유럽 / 아프리카
>
> 전시 기간 동안 한복을 입고 오시면 입장료가 무료입니다.
>
> — 민속박물관 —

① 전시 행사에 대해 알리려고
② 전시장 위치에 대해 알리려고
③ 전시장 입장 방법을 알리려고
④ 민속 박물관 이용에 대해 알리려고

9. 67번 ~ 70번 알맞은 어휘 찾기 / 주어진 내용으로 추측하기

글 내용과 관계되는 어휘/문법 표현을 찾는 문제입니다. 빈칸 앞 또는 뒤의 문장과 관계되는 표현을 찾으시면 됩니다.

'주어진 내용으로 추측하기'는 주어진 글로 알 수 있는 사실이나 관계를 찾으시면 됩니다.

이 파트는 한 지문을 읽고 <u>두 문제를 풀어야 합니다.</u> 첫 번째 문제는 '알맞은 어휘 고르기', 두 번째 문제는 '주어진 내용으로 추측하기'입니다.

9.1. 알맞은 어휘 / 문법 고르기 1

다음 글의 흐름에 알맞은 어휘를 찾아야 합니다. 글의 전체적인 흐름을 알아야 합니다.

❖ 다음을 읽고 물음에 답하십시오.

저는 방학 동안 아르바이트를 하고 싶습니다. 화장품 가게나 커피숍에서 하려고 합니다. 그런데 방학에는 아르바이트를 하려는 사람이 많아서 일을 (㉠) 힘듭니다. 제 친구들도 모두 아르바이트를 하고 싶어 합니다. 그래서 이번 주말과 다음 주말에는 시내로 가서 찾아보려고 합니다. 그리고 학교 게시판과 인터넷 게시판에서도 알아볼 것입니다. 아르바이트를 (㉡).

1. (㉠)에 들어갈 알맞은 말을 고르십시오.
   ① 받기가
   ② 생기기가
   ③ 구하기가
   ④ 만들기가

- 방학이 되면 시간이 많아지기 때문에 아르바이트를 하려는 학생들이 많습니다. 그래서 아르바이트를 구하기가 어렵습니다.

2. (㉡)에 들어갈 알맞은 말을 고르십시오.

① 하기로 했습니다
② 꼭 할 것 같습니다
③ 하는 게 좋겠습니다
④ 할 수 있었으면 좋겠습니다

- '아르바이트를 할 수 있기를 바라는 '–'았/었/였으면 좋겠다'가 어울립니다.

9.2. 알맞은 어휘 / 문법 고르기 2

다음 글의 흐름에 알맞은 어휘를 찾아야 합니다. 글의 전체적인 흐름을 알아야 합니다.

❖ **다음을 읽고 물음에 답하십시오.**

> 저는 집에 좋지 않은 냄새가 나면 초를 켭니다. 나쁜 냄새가 날 때 초를 켜면 그 냄새가 (㉠) 없어지기 때문입니다. 저에게는 과일향이 나는 초와 꽃향이 나는 초가 있습니다. 그런데 저는 특히 장미향을 좋아해서 기분이 조금 안 좋을 때도 장미향 초를 켜면 금방 기분이 좋아집니다. 내일은 청소할 때 장미향이 나는 초를 (㉡).

1. (㉠)에 알맞은 것을 고르십시오.

① 무척 　　　　② 아직 　　　　③ 주로 　　　　④ 거의

- 나쁜 냄새가 나면 초를 켭니다. 왜냐하면 초를 켜면 나쁜 냄새가 없어지고 과일향이나 꽃향이 나기 때문입니다. 나쁜 냄새는 '거의 없어지다'로 표현할 수 있습니다.

2. (㉡)에 알맞은 것을 고르십시오.
   ① 켤까 합니다.
   ② 켜 봤습니다.
   ③ 켜야 했습니다.
   ④ 켤 수 없습니다.

■ 내일 청소할 때 초를 사용하려고 합니다. 미래의 의미가 있는 '–(으)ㄹ까 하다'가 어울립니다.

〈연습문제〉

❖ [1~2] 다음을 읽고 물음에 답하십시오.

> 저는 내일 집들이를 합니다. 지난주에 이사를 해서 친구들을 집으로 초대했습니다. 그래서 오늘 준비할 것이 많습니다. (㉠) 청소부터 하려고 합니다. 방과 거실, 화장실을 깨끗하게 할 것입니다. 그리고 시장에도 갈 것입니다. 내일 먹을 과일과 음료수를 사고 불고기 재료도 사려고 합니다. 내일 집들이가 (㉡).

1. (㉠)에 알맞은 것을 고르십시오.
   ① 금방 ② 우선 ③ 아마 ④ 금방

2. (㉡)에 알맞은 것을 고르십시오.
   ① 즐거워야 합니다.
   ② 즐겁지 않았습니다.
   ③ 즐거운 것 같습니다.
   ④ 즐거웠으면 좋겠습니다.

❖ [3~4] 다음을 읽고 물음에 답하십시오.

> 새해가 시작되면 많은 사람들이 운동을 시작합니다. 하지만 그 이후에도 운동을 계속하는 사람들은 많지 않습니다. 날씨가 좋지 않거나 일이 많아서 바쁘거나 하는 이유가 생깁니다. 운동을 (㉠) 하려면 언제 어디에서나 할 수 있어야 합니다. 전철에서 두 세 정거장 먼저 내려서 걷고, 엘리베이터 대신 계단을 이용하면 시간을 많이 쓰지 않고 쉽게 (㉡).

3. (㉠)에 알맞은 것을 고르십시오.
   ① 빨리　　　　　　② 계속　　　　　　③ 절대　　　　　　④ 거의

4. (㉡)에 알맞은 것을 고르십시오.
   ① 이동할 수 있습니다.
   ② 움직일 수 있습니다.
   ③ 올라갈 수 있습니다.
   ④ 운동할 수 있습니다.

❖ [5~6] 다음을 읽고 물음에 답하십시오.

> 여러분은 자주 베개와 이불을 세탁하십니까? 베개와 이불은 매일 (㉠) 때문에 금방 더러워지지만 대부분의 사람들은 이것을 잘 알지 못합니다. 우리는 자는 동안 1 ~ 2컵의 땀을 흘립니다. 그래서 이불을 그대로 두면 여러 가지 병에 걸리기 쉽습니다. 앞으로는 베개와 이불을 두 개씩 준비해서 (㉡) 세탁을 해 보십시오. 건강도 지키고 아침에 기분 좋게 일어날 수 있을 것입니다.

5. (㉠)에 알맞은 것을 고르십시오.
   ① 사용하기　　　② 편안하기　　　③ 걱정하기　　　④ 부드럽기

6. (㉡)에 알맞은 것을 고르십시오.
   ① 버리게　　　　② 바꿔서　　　　③ 걸려서　　　　④ 새로 사서

❖ [7~8] 다음을 읽고 물음에 답하십시오.

> 저는 여행을 갈 때마다 (㉠) 저에게 편지를 씁니다. 여행하면서 먹은 음식, 구경한 곳, 느낌 등 여러 가지 이야기를 씁니다. 여행을 다녀온 후에 그 편지를 받으면 기분이 좋습니다. 그리고 그 편지를 읽으면 여행을 추억할 수 있어서 좋습니다. 다음 달에 일본에 가는데 일본에 가서도 편지를 (㉡).

7. (㉠)에 알맞은 것을 고르십시오.
　① 가끔　　　　　② 거의　　　　　③ 항상　　　　　④ 전혀

8. (㉡)에 알맞은 것을 고르십시오.
　① 써도 됩니다.
　② 써 봤습니다.
　③ 쓰려고 합니다.
　④ 쓴 적이 없습니다.

9.3. 주어진 내용으로 추측하기

글을 잘 이해하고 관계 있는 내용을 추측할 수 있습니다.

1. 이 글의 내용으로 알 수 있는 것을 고르십시오.

> 저는 컴퓨터 게임을 만드는 회사의 사장입니다. 저는 게임을 정말 좋아합니다. 어렸을 때 공부는 하지 않고 게임만 해서 부모님께서 걱정을 많이 하셨습니다. 그때부터 공부도 열심히 하면서 게임을 즐겼습니다. 늘 친구들보다 게임을 더 잘했고, 새로운 게임을 만들어 보고 싶었습니다. 지금은 게임을 만드는 일을 하기 때문에 일도 하고 게임도 즐깁니다. 제가 좋아하는 것을 일로 하니까 정말 행복한 것 같습니다.

　① 저는 지금도 공부를 싫어합니다.
　② 저는 어제 게임 회사에 취직했습니다.
　③ 저는 요즘 게임을 할 시간이 없습니다.
　④ 저는 아주 오랫동안 컴퓨터 게임을 좋아했습니다.

① 저는 지금도 공부를 싫어합니다.

　: 처음에는 게임만 했지만 곧 공부도 열심히 했습니다.

② 저는 어제 게임회사에 취직했습니다.

　: 이 사람은 인터넷 게임 회사의 사장입니다.

③ 저는 요즘 게임을 할 시간이 없습니다.

　: 좋아하는 일이 직업이기 때문에 게임을 자주 즐길 수 있습니다.

④ 저는 아주 오랫동안 컴퓨터 게임을 좋아했습니다.

　: 어렸을 때 게임을 많이 해서 부모님이 걱정하셨고 지금도 게임을 좋아합니다.

2. 이 글의 내용으로 알 수 있는 것을 고르십시오.

> 　버스나 지하철을 탈 때 교통 카드를 이용하는 사람이 많습니다. 처음에는 교통카드를 따로 사고, 10,000원 정도의 이용 요금을 내면 쓸 수 있습니다. 요금을 다 써도 카드를 또 사지 않고 다시 그 카드를 쓸 수 있습니다. 또 버스나 지하철을 탈 때마다 현금을 준비하지 않아도 되고 할인도 받을 수 있습니다. 버스에서 지하철로, 지하철에서 버스로 갈아탈 때도 좀 더 싸게 갈 수 있고 카드에 남아 있는 돈은 돌려받을 수도 있습니다.

① 교통 카드는 다시 쓸 수 없습니다.
② 처음에는 만원만 있으면 교통카드를 살 수 있습니다.
③ 한국에서 여행을 할 때 교통카드가 있으면 편합니다.
④ 처음에 버스를 탈 때는 현금과 교통카드를 같이 내야 합니다.

① 교통카드는 한 번 쓰면 버려야 합니다.

　: 돈을 내고 계속 쓸 수 있습니다'.

② 처음에는 만원만 있으면 교통카드를 살 수 있습니다.

　: 처음에는 교통카드를 따로 사야 합니다.

③ 한국에서 여행을 할 때 교통카드가 있으면 편합니다.

　: 이 글은 교통카드의 좋은 점을 이야기하고 있습니다.

④ 현금과 교통카드를 같이 내야 합니다.

　: 현금과 교통 카드 중에서 하나만 쓰면 됩니다.

〈연습문제〉

1. 이 글의 내용으로 알 수 있는 것은 무엇입니까?

> 저는 옷을 사러 강남 버스터미널 지하상가에 자주 갑니다. 그곳은 지하에 있어서 비가 오거나 눈이 와도 쇼핑을 할 수 있습니다. 또 옷의 가격이 싸기 때문에 적은 돈으로 여러 벌의 옷을 살 수 있습니다. 그리고 전철역과 버스 정류장에서 아주 가깝습니다. 그래서 저는 가끔 그 곳에서 친구들도 만나고 함께 쇼핑을 합니다.

① 지하상가는 강남터미널에만 있습니다.
② 쇼핑을 하지 않으면 친구도 안 만납니다.
③ 강남터미널 지하상가는 쇼핑하기에 편리합니다.
④ 저는 비가 오거나 눈이 오면 늘 옷을 사러 갑니다.

2. 이 글의 내용으로 알 수 있는 것은 무엇입니까?

> 지금 한국은 겨울입니다. 한국 사람들은 겨울이 너무 추워서 따뜻한 나라로 여행을 가고 싶어 합니다. 그런데 베트남이나 태국 사람들은 추운 겨울을 느끼고 싶어서 한국으로 옵니다. 한국에서 겨울옷을 입고 관광도 하고, 스키장에 가서 스키도 탑니다. 눈을 처음 보고 만지며 신기해 합니다. 해 보지 못한 것을 직접 경험하는 것이 여행의 즐거움인 것 같습니다.

① 한국에 눈이 처음 왔습니다.
② 한국 사람들은 겨울을 좋아합니다.
③ 태국에서는 스키를 탈 수 있습니다.
④ 베트남은 겨울에 많이 춥지 않습니다.

3. 이 글의 내용으로 알 수 있는 것은 무엇입니까?

발을 보면 그 사람의 건강을 알 수 있습니다. 발 상태가 좋지 않으면 몸 건강이 좋지 않을 수 있습니다. 하루 종일 양말과 구두를 신어야 하는 직업이라면 집에 돌아 왔을 때 발을 잘 관리하는 것이 매우 중요합니다. 발을 따뜻한 물에 넣고 10∼15분쯤 있으면 좋습니다. 그 후 손으로 발가락과 발바닥을 잘 만져주면 건강에 더 건강에 좋습니다.

① 발은 늘 따뜻해야 합니다.
② 발을 10분쯤 만져주면 좋습니다.
③ 발과 몸 건강은 관계가 있습니다.
④ 하루 종일 신발을 신어도 발이 편하면 괜찮습니다.

4. 이 글의 내용으로 알 수 있는 것은 무엇입니까?

채소나 과일의 색으로 우리 몸에 필요한 음식을 고를 수 있습니다. 딸기나 고추의 빨간색, 녹색은 우리를 더 건강하게 만들어줍니다. 주황색의 음식은 눈 건강에 좋고 보라색 음식은 기분이 좋지 않을 때 먹으면 마음이 편해지는 효과가 있습니다. 이렇게 음식의 색깔은 우리의 몸과 마음의 건강에 좋은 영향을 줍니다.

① 색깔이 있는 음식만 먹어야 합니다.
② 하얀 색 음식은 건강에 안 좋습니다.
③ 눈이 아플 때는 주황색 음식을 먹어야 합니다.
④ 상황에 맞는 색깔의 음식을 먹으면 건강에 좋습니다.

5. 이 글의 내용으로 알 수 있는 것은 무엇입니까?

> 우리는 아플 때 약을 먹습니다. 약이 병을 낫게 해 주기도 하지만 가끔은 환자의 마음을 편안하게 만들어 주기도 합니다. 이것은 '약을 먹었으니까 금방 나을 것이다'라고 믿는 사람들의 마음이 있기 때문입니다. 그래서 따뜻한 말이나 예쁜 꽃, 초콜릿 같은 선물도 병이 낫는데 도움을 줍니다. 그리고 병이 빨리 나을 것이라고 믿는 마음이 있어야 합니다.

① 초콜릿은 약입니다.

② 병에 걸리면 꼭 약을 먹어야 합니다.

③ 감기가 나을 것이라고 믿으면 정말 감기가 낫습니다.

④ 약과 따뜻한 말은 병이 나을 것이라고 믿게 해 줍니다.

Chapter 3

모의고사

1. 1회 모의고사

보기

> 열이 납니다. 목도 아픕니다.

❶ 감기　　　　② 상 처　　　　③ 병　　　　④ 배탈

31. (2점)

> 치마를 삽니다. 바지도 삽니다.

① 옷　　　　② 신발　　　　③ 가방　　　　④ 모자

32. (2점)

> 오늘 저는 불고기 요리를 할 겁니다. 주스도 만들 겁니다.

① 야채　　　　② 음식　　　　③ 음료수　　　　④ 과일

33. (2점)

> 오늘은 따뜻합니다. 내일은 비가 올 것 같습니다.

① 계획　　　　② 날씨　　　　③ 계절　　　　④ 요일

[34~39] 〈보기〉와 같이 빈칸에 제일 알맞은 것을 고르십시오.

보기

> 날씨가 춥습니다. (　　)이 많이 붑니다.

① 눈　　　　② 비　　　　❸ 바람　　　　④ 구름

34. (2점)

> 시계(   ) 좋아합니다.

① 가   ② 를   ③ 에게   ④ 의

35. (2점)

> 편지를 보냅니다. (   )에 갑니다.

① 은행   ② 우체국   ③ 도서관   ④ 병원

36. (2점)

> 집에서 피자를 주문했습니다. 맛있게 다 (   ).

① 만들었습니다   ② 샀습니다   ③ 먹었습니다   ④ 봤습니다

37. (3점)

> 꽃이 (   ). 그래서 꽃을 샀습니다.

① 쉽습니다   ② 예쁩니다   ③ 시원합니다   ④ 어둡습니다

38. (3점)

> 전화를 받지 않습니다. (   ) 다시 전화하려고 합니다.

① 갑자기   ② 아까   ③ 별로   ④ 이따가

39. (2점)

> 방이 덥습니다. 그래서 창문을 (   ).

① 닫았습니다   ② 봤습니다   ③ 열었습니다   ④ 켰습니다

40. (3점)

한식집 〈거기〉　　　　　매일 점심 10% 할인!

- 월요일 : 불고기　　　• 화요일 : 비빔밥　　　• 수요일 : 김치찌개
- 목요일 : 떡국　　　　• 금요일 : 설렁탕

* 주말에는 쉽니다.

* 두 그릇 이상 배달(02-555-1212)

① 이 식당은 일요일에 쉽니다.

② 설렁탕 세 그릇을 배달해 줍니다.

③ 비빔밥과 떡국은 같이 할인을 받습니다.

④ 월요일에 불고기를 싸게 먹을 수 있습니다.

41. (3점)

핸드폰 요금	
고객 이름	김미선
핸드폰 번호	010-7890-1001
사용 기간	1월 1일 ~ 1월 31일
이번 달 사용 금액	54,000원

*00은행 1004-111-0001 (2월 15일까지)

① 1월에 사용한 핸드폰 요금입니다.

② 요금은 핸드폰 회사에 내야 합니다.

③ 2월 15일까지 54,000원을 내야 합니다.

④ 김미선 씨의 전화번호는 010-7890-1001번입니다.

42. (2점)

> 〈행복 영화관 주차 안내〉
>
> * 주차 30분까지 : 무료
> * 주차 30분 후부터 10분에 1,000원
> * 영화관 이용 손님 : 3시간 무료
>   (주차할 때 영화 표 확인합니다.)

① 영화관에 주차장이 있습니다.

② 영화를 안 보면 주차할 수 없습니다.

③ 20분 주차를 하면 돈을 안 내도 됩니다.

④ 영화표가 있으면 3시간 동안 무료입니다.

[43~45] 다음을 읽고 내용과 같은 것을 고르십시오. (각 3점)

43.

> 저는 스키를 좋아합니다. 러시아에서 살 때는 자주 스키를 탔습니다. 지금도 스키를 타고 싶습니다. 그런데 아이가 너무 어려서 아직 스키장에 못 갑니다. 아이가 조금 더 크면 가족이 다 함께 갈 것입니다.

① 저의 취미는 스키입니다.

② 저희 아이는 키가 큽니다.

③ 저는 한국에 살고 있습니다.

④ 저는 올해도 스키를 탈 것입니다.

44.

> 저는 어제 교통사고가 나서 조금 다쳤습니다. 병원에 일주일 동안 입원하기로 했습니다. 조금 힘들지만 빨리 나아서 퇴원하고 싶습니다.

① 지금은 다 나았습니다.
② 병원에서 일하고 있습니다.
③ 교통사고 때문에 병원에 갔습니다.
④ 일주일 동안 병원에 다녀야 합니다.

45.

> 오늘 학교 가는 길에 친구를 만났습니다. 그래서 잠깐 이야기를 하고 버스를 타러 정류장으로 갔습니다.

① 수업에 늦지 않았습니다.
② 버스를 타고 학교에 갑니다.
③ 학교에서 친구와 이야기를 했습니다.
④ 저는 늘 친구를 만나서 학교에 같이 갑니다.

[46~48] 다음을 읽고 중심 생각을 고르십시오.

46. (3점)

> 어제 통장을 만들려고 은행에 갔습니다. 그런데 외국인등록증을 가지고 가지 않아서 만들지 못했습니다. 그래서 오늘 외국인등록증을 가지고 은행에 다시 가야 합니다.

① 새 통장을 만든 적이 있습니다.
② 은행에서 외국인등록증을 만듭니다.
③ 통장을 만들려면 은행에 두 번 가야 합니다.

④ 외국인등록증이 있어야 통장을 만들 수 있습니다.

47. (3점)

저는 빵을 좋아해서 날마다 빵집에 갑니다. 제가 가는 빵집은 오전 8시마다 새 빵을 만들어서 팝니다. 저는 그 빵을 먹으려고 항상 8시에 빵집에 갑니다.

① 저는 빵집에서 일합니다.
② 저는 8시에 빵을 만듭니다.
③ 저는 오전마다 빵을 사러 갑니다.
④ 저는 빵을 만들어서 팔고 싶습니다.

48. (2점)

외국어를 공부할 때 '듣기'를 가장 어려워합니다. 듣기는 그 언어의 드라마나 뉴스로 연습하면 좋습니다. 그래서 저도 한국어를 공부할 때 드라마를 많이 보려고 합니다.

① 외국어는 듣기가 제일 쉽습니다.
② 듣기를 잘하려면 뉴스를 많이 보는 것이 좋습니다.
③ 듣기를 잘하면 드라마나 뉴스를 전혀 안 봐도 됩니다.
④ 저는 한국 드라마를 좋아해서 많이 보기 때문에 한국어를 잘합니다.

[49~50] 다음을 읽고 물음에 답하십시오. (각 2점)

이제 버스 정류장에서 버스를 (㉠) 않아도 됩니다. 인터넷으로 버스 도착 시간을 알 수 있기 때문입니다. 버스 도착 시간을 보고 시간에 맞춰 버스 정류장으로 나가면 됩니다. 그리고 큰 도시에서는 버스 정류장에서도 버스의 도착 시간을 알 수 있습니다.

49. (㉠)에 들어갈 알맞은 말을 고르십시오.
① 출발하지　　　② 기다리지　　　③ 타지　　　④ 읽지

50. 이 글의 내용과 같은 것을 고르십시오.

① 버스마다 정류장이 다릅니다.

② 버스는 항상 같은 시간에 도착합니다.

③ 버스 정류장에 버스가 오지 않습니다.

④ 인터넷으로 버스 도착 시간을 확인할 수 있습니다.

저는 요즘 '꽃다발' 만드는 것을 배우고 있습니다. 어렸을 때부터 꽃을 좋아해서 예쁘게 만들어 보고 싶었습니다. 이제는 제가 (㉠) 꽃으로 원하는 모양을 만들 수 있어 정말 좋습니다. 그리고 제가 만든 꽃다발을 친구들에게 선물로 줄 수 있어서 더 즐겁습니다. 열심히 배워서 제 결혼식에서 쓸 부케도 만들어 보고 싶습니다.

51. (㉠)에 들어갈 알맞은 말을 고르십시오.

① 좋아하는　　　　② 중요한　　　　③ 밀린　　　　④ 빨간

52. 무엇에 대한 이야기입니까? 알맞은 것을 고르십시오.

① 꽃다발의 모양

② 꽃다발을 받을 사람

③ 꽃다발 만드는 방법을 배우는 곳

④ 꽃다발 만드는 방법을 배우는 이유

옷을 세탁할 때 한 번에 같이 하면 안 됩니다. 빨래의 종류와 색깔로 나눠 따로 하는 것이 좋습니다. 세탁을 잘못하면 옷이 작아지거나 색깔이 (㉠) 때문입니다. 바지와 셔츠, 수건 등 종류를 나눠야 하고, 흰색과 색깔이 있는 옷으로도 나눠야 합니다. 그러면 옷이 잘못 세탁되지 않을 겁니다.

53. (㉠)에 알맞은 말을 고르십시오. (2점)

① 보이기　　　　② 그리기　　　　③ 예쁘기　　　　④ 변하기

54. 이 글의 내용과 같은 것을 고르십시오. (3점)

① 옷은 같은 종류끼리 세탁해야 합니다.

② 빨래가 다 끝난 후에 색깔을 나눕니다.

③ 흰색과 까만색은 같이 세탁해도 됩니다.

④ 빨래는 모두 모아 한 번에 세탁해야 합니다.

[55~56] 다음을 읽고 물음에 답하십시오.

모하메드 씨, 미안하지만 오늘 약속을 취소해야겠어요. 회사에 급한 일이 생겨서 늦게까지 일을 해야 할 것 같아요. 내일 만날 수 있어요? (　　) 리에 씨에게도 좀 전해 주세요. 리에 씨 번호를 잃어버려서 연락을 하지 못했어요. 리에 씨도 내일 시간이 괜찮으면 내일 만났으면 좋겠어요. 그러면 리에 씨와 연락하고 알려주세요. 기다릴게요.

－ 지선 －

55. (　　)에 들어갈 알맞은 말을 고르십시오. (2점)

① 그래서　　　　② 그런데　　　　③ 그러면　　　　④ 그리고

56. 이 글의 내용과 같은 것을 고르십시오. (3점)

① 지선 씨는 리에 씨에게 전화하고 있습니다.

② 지선 씨는 지금 모하메드 씨를 만나러 갑니다.

③ 지선 씨는 오늘 약속을 내일로 바꾸고 싶습니다.

④ 지선 씨는 회사에서 리에 씨를 기다리고 있습니다.

57. (2점)

> (가) 요즘은 은행에 직접 가지 않고 인터넷으로 돈을 보낼 수 있습니다.
>
> (나) 그래서 저는 인터넷으로 돈을 자주 보냅니다.
>
> (다) 신청이 되면 원하는 시간, 원하는 장소에서 사용할 수 있어서 편리합니다.
>
> (라) 하지만 인터넷으로 돈을 보내려면 은행에 직접 가서 신청부터 해야 합니다.

① (가) – (라) – (나) – (다)
② (가) – (라) – (다) – (나)
③ (가) – (다) – (라) – (나)
④ (가) – (나) – (라) – (다)

58. (3점)

> (가) 그런데 여권의 기간이 조금 밖에 남지 않았습니다.
>
> (나) 일주일 후에 여권을 찾으러 가면 됩니다.
>
> (다) 그래서 오늘 사진을 다시 찍고 여권을 신청했습니다.
>
> (라) 저는 다음 달에 일본으로 여행을 가려고 합니다.

① (라) – (다) – (나) – (가)
② (라) – (가) – (나) – (다)
③ (라) – (가) – (다) – (나)
④ (라) – (나) – (다) – (가)

[59~60] 다음을 읽고 물음에 답하십시오.

저는 비행기를 탈 때마다 출입문 쪽 자리에 앉습니다. (㉠) 그 자리는 다른 자리보다 더 넓고 편해서 좋습니다. (㉡) 비행기 사고가 났을 때 직원들을 도와줘야 하기 때문입니다. (㉢) 그래서 문을 여는 방법도 가르쳐 줍니다. (㉣) 급하게 문 밖으로 뛰어내려야 할 때 그 자리에 앉은 사람이 문을 열어줘야 합니다.

59. 다음 문장이 들어갈 곳을 고르십시오. (2점)

그런데 그 자리는 젊은 사람만 앉을 수 있습니다.

① ㉠   ② ㉡   ③ ㉢   ④ ㉣

60. 이 글의 내용과 같은 것을 고르십시오. (3점)

① 출입문 쪽 자리는 넓어서 다른 자리보다 비쌉니다.
② 출입문 쪽 자리에 할아버지나 아이들도 앉을 수 있습니다.
③ 출입문 쪽 자리는 사고가 나면 제일 빨리 나갈 수 있습니다.
④ 출입문 쪽 자리에 앉는 사람은 사고가 나면 문을 열어야 합니다.

[61~62] 다음을 읽고 물음에 답하십시오. (각 2점)

저는 한 달 전에 기숙사에서 원룸으로 이사를 했습니다. 기숙사는 책상과 침대가 모두 있었지만 원룸은 없기 때문에 다 새로 사야 합니다. 가구를 알아보고 있었는데 공짜로 주는 곳을 알게 되었습니다. 3년쯤 쓴 책상이지만 괜찮은 것 같습니다. 책상이나 침대처럼 큰 가구들은 살 때는 돈을 많이 (㉠) 합니다. 그래서 가구를 무료로 받거나 싼 값에 살 수 있다면 많은 도움이 될 것입니다. 저도 앞으로 안 쓰는 물건이 있으면 버리지 않고 새 주인을 찾아 주려고 합니다.

61. (㉠)에 들어갈 알맞은 말을 고르십시오.

① 내야   ② 벌어야   ③ 받아야   ④ 모아야

62. 이 글의 내용과 같은 것을 고르십시오.

① 원룸에는 가구가 있습니다.

② 안 쓰는 물건은 버려야 합니다.

③ 저는 무료로 책상을 받았습니다.

④ 지난달에 기숙사로 이사를 왔습니다.

[63~64] 다음을 읽고 물음에 답하십시오.

받는 사람	Kim_jun@korea.kr
제목	〈한국어3〉 수업을 신청한 제시카입니다.
보낸 사람	Jessica@korea.kr

안녕하세요. 교수님.

저는 〈한국어3〉 수업을 신청한 학생입니다. 제가 〈한국어3〉 첫 수업을 들었는데 많이 어려웠습니다. 고향에서 1년쯤 혼자 한국어를 공부하고 한국에 왔기 때문에 자신이 있었습니다. 그런데 생각보다 모르는 것이 많았습니다. 특히 듣기가 제일 어려운 것 같습니다. 그래서 교수님의 다른 수업인 〈한국어2〉로 바꿨으면 좋겠습니다. 지금 바꿔도 괜찮을까요? 그럼, 연락을 기다리겠습니다.

– 제시카 드림 –

63. 제시카 씨는 왜 이 글을 썼습니까? (2점)

① 교수님께 감사하려고

② 교수님께 부탁하려고

③ 교수님께 연락하려고

④ 교수님께 선물하려고

64. 이 글의 내용과 같은 것을 고르십시오. (3점)

① 교수님의 수업을 들어 봤습니다.

② 교수님을 고향에서 만났습니다.

③ 한국어 수업이 힘들지 않습니다.

④ 한국에서 1년 동안 공부했습니다.

사람들은 건강을 위해서 과일을 많이 먹어야 합니다. 왜냐하면 그 안에는 비타민이 있기 때문입니다. 그래서 많은 사람들이 과일 주스를 사 마시기도 합니다. 하지만 과일 주스에는 생각보다 많은 설탕이 들어갑니다. 콜라처럼 (㉠) 비타민도 거의 없습니다. 비타민을 위해서는 과일 주스를 마시지 말고 과일을 먹어야 합니다.

65. (㉠)에 들어갈 알맞은 말을 고르십시오. (2점)

① 맵고　　　　　② 달고　　　　　③ 쓰고　　　　　④ 짜고

66. 이 글의 내용과 같은 것을 고르십시오. (3점)

① 과일에는 설탕이 많이 들어 있습니다.

② 과일 주스에 비타민이 많아서 자주 마십니다.

③ 몸에 비타민이 없으면 과일을 먹어야 합니다.

④ 비타민은 주스보다 과일로 먹는 것이 좋습니다.

요즘 결혼사진을 스튜디오에서 찍지 않고 신랑과 신부가 (㉠) 찍는 사람들이 많습니다. 사진을 잘 찍는 친구와 좋은 카메라만 있으면 됩니다. 신랑과 신부는 사진을 찍고 싶은 장소를 고릅니다. 그리고 자기가 입고 싶은 옷을 준비합니다. 이렇게 하면 두 사람은 적은 돈으로도 특별한 사진을 가질 수 있습니다. 저도 결혼할 때 직접 사진을 (㉡).

67. (㉠)에 알맞은 것을 고르십시오.

① 직접　　　　② 그만　　　　③ 우선　　　　④ 길게

68. (㉡)에 알맞은 것을 고르십시오.

① 찍지 못합니다.
② 찍어도 됩니다.
③ 찍으려고 합니다.
④ 찍어 봐야 합니다.

아이들의 꿈을 위한 '직업 체험관'이 생겼습니다. 이곳에서 아이들은 미래에 하고 싶은 일을 미리 경험해 볼 수 있습니다. 예를 들면 요리사가 되어 음식을 직접 만들어 볼 수도 있습니다. 그리고 아나운서가 되어 직접 뉴스도 해 볼 수 있습니다. 이렇게 여러 가지 직업에 대해 알아보고 직접 경험해 보면 자신이 원하는 꿈을 (㉠) 있을 것입니다.

69. (㉠)에 들어갈 알맞은 말을 고르십시오.

① 찾을 수　　　　② 해 줄 수　　　　③ 사 줄 수　　　　④ 빌려 줄 수

70. 이 글의 내용으로 알 수 있는 것을 고르십시오.

① 아이들은 꿈이 모두 같습니다.

② 아이들은 요리하는 것을 좋아합니다.

③ 아이들에게 아나운서가 가장 인기가 많습니다.

④ 이곳에서는 아이들이 여러 직업에 대해 알아볼 수 있습니다.

[31~33] 무엇에 대한 이야기입니까? 보기와 같이 알맞은 것을 고르십시오.

보기

열이 납니다. 목도 아픕니다.

❶ 감기　　　　② 상처　　　　③ 병　　　　④ 배탈

31. (2점)

차와 과자를 가져왔습니다. 과일을 준비했습니다

① 손님　　　　② 학생　　　　③ 회사원　　　　④ 선생님

32. (2점)

책을 가방에 넣었습니다. 시험지를 받았습니다.

① 방학　　　　② 시험　　　　③ 합격　　　　④ 책상

33. (3점)

학교에 가지 않았습니다. 집에서 쉬었습니다.

① 교실　　　　② 거실　　　　③ 공원　　　　④ 운동장

[34~39] 〈보기〉와 같이 빈칸에 제일 알맞은 것을 고르십시오.

보기

날씨가 춥습니다. (　　)이 많이 붑니다.

① 눈　　　　② 비　　　　❸ 바람　　　　④ 구름

34. (2점)

> 차가운 물(　) 마셨습니다

① 이　　　　② 에서　　　　③ 을　　　　④ 에

35. (2점)

> 방을 청소했습니다. (　)도 깨끗이 비웠습니다.

① 필통　　　　② 우체통　　　　③ 휴지통　　　　④ 저금통

36. (2점)

> 기차를 타고 여행을 갔습니다. 박물관, 시장 등 여러 곳을 (　).

① 보냈습니다　　　② 건넜습니다　　　③ 소개했습니다　　　④ 구경했습니다

37. (3점)

> 눈이 (　). 그래서 안과에 갑니다.

① 즐겁습니다　　　② 예쁩니다　　　③ 슬픕니다　　　④ 아픕니다

38. (3점)

> 텔레비전을 껐습니다. 그리고 음악을 (　) 틀었습니다.

① 좁게　　　　② 크게　　　　③ 밝게　　　　④ 빨갛게

39. (2점)

> 문을 조용히 (　). 그리고 밖으로 나왔어요.

① 지켰어요　　　② 팔았어요　　　③ 열었어요　　　④ 취소했어요

40. (3점)

> **겨울, 봄 여성복 80~60% 세일**
>
> 블라우스 20,000원~   바지, 스커트 30,000원~   코트 100,000원~
>
> 장소 : 시민 회관 옆
>
> 시간 : 2014년 8월 1일 ~ 8월 31일, 오전 10시 ~ 오후 7시 (일요일도 합니다)
>
> 문의 : 여성복 벨라 02) 123-1234

① 코트 가격은 십만 원부터입니다.

② 바지는 삼만원부터 살 수 있습니다.

③ 여름 옷을 80~60% 세일 가격으로 살 수 있습니다.

④ 8월 31일까지 일요일도 오전 10시부터 오후 7시까지 문을 엽니다.

41. (2점)

> **강남구청 10월 전시 안내**
>
> 전시 날짜 : 10월 1일 ~ 10월 31일
>
> 전시 시간 : 10시 ~ 17시
>
> 전시 장소 : 강남구청 1층
>
>   10월 1일 ~ 10일   김복희 한복 전시회
>
>   10월 13일 ~ 20일   어린이 동화책 전시회
>
>   10월 26일 ~ 31일   아프리카 사진전

① 전시는 오전 10시부터 저녁 7시까지 합니다.

② 10월 10일에 가면 김복희 한복 전시를 볼 수 있습니다.

③ 어린이들을 위한 동화책 전시회는 모두 8일 동안 계속됩니다.

④ 10월 마지막 주에 전시관에 가면 아프리카 사진전을 볼 수 있습니다.

42. (2점)

수업 시간표

시간	월	화	수	목	금
09:00~10:00	듣기		읽기	읽기	듣기
10:10~11:00	말하기		말하기		말하기
11:10~ 12:00	쓰기		듣기	문화	쓰기

① 화요일에는 수업이 없습니다.

② 수업은 오전 9시에 시작합니다.

③ 수요일에는 문화 수업을 합니다.

④ 쓰기 수업은 월요일, 금요일에 있습니다.

[43~45] 다음의 내용과 같은 것을 고르십시오. (각 3점)

43.

카페에서 잡지를 보면서 친구를 기다렸습니다. 약속 시간이 되었지만 친구가 오지 않았습니다. 친구에게 전화를 걸었습니다.

① 친구와 집 앞에서 만났습니다.

② 친구에게 먼저 전화가 왔습니다.

③ 친구와 카페에서 만나기로 했습니다.

④ 친구는 나보다 먼저 카페에 왔습니다.

44.

> 학교 앞 문구점에 갔습니다. 문구점 안에는 손님이 한 명도 없었습니다. 볼펜과 공책을 사고 지우개도 샀습니다.

① 집 근처 문구점에 갔습니다.
② 문구점에서 친구를 만났습니다.
③ 문구점에서 지우개와 볼펜을 샀습니다.
④ 문구점 안에는 사람들이 많지 않았습니다.

45.

> 동생과 산에 올라갔습니다. 맑은 공기를 마시니까 기분이 좋았습니다. 우리는 산을 내려오기 전에 도시락을 맛있게 먹었습니다.

① 동생은 집에서 도시락을 먹었습니다.
② 우리는 산을 내려와서 도시락을 먹었습니다.
③ 동생은 산에 올라가는 것을 아주 싫어했습니다.
④ 우리는 산에 올라가서 맑은 공기를 마셨습니다.

[46~48] 다음을 읽고 중심 생각을 고르십시오.

46. (3점)

> 어제 학교에서 계단을 내려가다가 넘어졌습니다. 바로 병원에 가서 다리를 치료 받았습니다. 금요일과 토요일에도 병원에 가야 할 것 같습니다.

① 다리 치료를 받으러 병원에 다녀야 합니다.
② 금요일에 계단에서 넘어져서 다리를 다쳤습니다.
③ 금요일과 토요일은 집에만 있어야 할 것 같습니다.
④ 계단에서 넘어져서 어제는 병원에 가지 못했습니다.

47. (3점)

> 지금 에어컨을 틀고 있습니까? 에어컨 온도를 조금 높여 주십시오. 그러면 건강도 지키고 전기 사용도 줄일 수 있습니다.

① 전기를 아낍시다.
② 전기를 사용하지 맙시다.
③ 에어컨을 사용하지 맙시다.
④ 건강을 위해서 운동합시다.

48. (2점)

> 오늘은 시험을 보는 날입니다. 공부를 열심히 했지만 실수를 할까 봐 걱정이 됩니다. 실수를 하지 않고 시험을 잘 봤으면 좋겠습니다.

① 시험을 잘 못 봐서 걱정입니다.
② 공부를 열심히 했기 때문에 걱정이 없습니다.
③ 시험 공부를 열심히 하지 않아서 걱정입니다.
④ 오늘 실수를 하지 않고 시험을 잘 보고 싶습니다.

[49~50] 다음을 읽고 물음에 답하십시오. (각 2점)

> 한국에는 여러 명절이 있습니다. 그중에서 설날과 추석은 한국의 가장 큰 명절입니다. 그래서 역이나 터미널에 가면 (㉠) 사람들이 많습니다. 또 고향으로 가는 차 때문에 길이 막힙니다. 하지만 고향에 도착하면 부모님을 뵙고 가족과 함께 즐거운 시간을 보냅니다.

49. (㉠)에 들어갈 알맞은 말을 고르십시오.

① 물건을 파는　　　② 고향에 가는　　　③ 공부를 하는　　　④ 고향을 떠나는

50. 이 글의 내용과 같은 것을 고르십시오.

① 한국의 설날과 추석은 모두 주말입니다.

② 많은 사람들이 명절에 고향으로 갑니다.

③ 사람들은 명절에 고향에 가지 않습니다.

④ 명절에 친구와 여행을 가는 사람이 많습니다.

봄이면 학교가 시작합니다. 새로운 학년이 되면 준비해야 할 것이 많습니다. 그래서 서점에는 (㉠) 학생과 학부모가 많아집니다. 문구점이나 백화점에서도 학교에 새로 입학하는 학생을 위한 행사를 합니다. 가족과 친구들은 입학을 축하해 주고 선물을 줍니다.

51. (㉠)에 들어갈 알맞은 말을 고르십시오.

① 책을 사려는　　　② 펜을 사려는　　　③ 공책을 팔려는　　　④ 책상을 팔려는

52. 무엇에 대한 이야기입니까? 알맞은 것을 고르십시오.

① 새 학기는 겨울에 시작합니다.

② 학생은 새 학기가 되어도 바쁘지 않습니다.

③ 새 학기가 되면 친구들과 만나지 못합니다.

④ 새 학기가 되기 전에 학생들은 준비할 것이 많습니다.

어머니께

생신을 축하 드립니다! 그동안 건강 때문에 많이 힘드셨지요? 건강 조심하세요. 생신 선물로 홍삼을 준비했어요. ( ) 하루에 두 번씩 드세요. 그리고 아버지와 함께 좋은 곳으로 여행 한 번 다녀오세요. 저희들 걱정은 하지 마세요. 생신 다시 한 번 축하드립니다.

－현주 올림－

53. (   )에 들어갈 알맞은 말을 고르십시오. (2점)

① 잊지 말고　　　② 씻지 말고　　　③ 때리지 말고　　　④ 보지 말고

54. 이 글의 내용과 같은 것을 고르십시오. (3점)

① 현주 씨는 동생의 생일 선물을 샀습니다.

② 어머니는 현주 씨의 생일 선물을 받고 기뻐하셨습니다.

③ 현주 씨는 생일 선물로 어머니께 홍삼을 선물했습니다.

④ 어머니는 원래부터 운동을 열심히 하셔서 건강이 매우 좋으십니다.

[55~56] 다음을 읽고 물음에 답하십시오.

지난 주부터 아침에 일찍 일어납니다. 아침에 일찍 일어나니까 회사에 가기 전까지 시간이 많습니다. 아침 식사도 하고, 책도 읽고, 방 정리도 할 수 있습니다. (   ) 아침에 일찍 일어나려면 밤에 일찍 자야 합니다. 친구들과 밤에 만나는 약속도 줄이고 12시 전에 잠을 자려고 합니다. 아침에 일찍 일어나는 것이 아직 쉽지 않지만 몸이 많이 건강해진 것 같습니다.

55. (   )에 들어갈 알맞은 말을 고르십시오. (2점)

① 그리고　　　② 그런데　　　③ 왜냐하면　　　④ 그러면

56. 이 글의 내용과 같은 것을 고르십시오. (3점)

① 아침에 늦게 일어나고 싶습니다.

② 밤에 일찍 자는 것이 매우 어렵습니다.

③ 아침에 일찍 일어나는 것은 쉽습니다.

④ 아침에 일찍 일어나려고 밤에 일찍 잡니다.

57. (2점)

> (가) 8시 50분쯤에 혜화역에 도착하면 학교까지 걸어갑니다.
>
> (나) 9시까지 학교에 가려면 8시에 집을 나와야 합니다.
>
> (다) 저는 매일 지하철을 타고 학교에 갑니다.
>
> (라) 지하철역에서 10분 정도 걸으면 교실에 도착할 수 있습니다.

① (다)-(가)-(라)-(나)
② (다)-(나)-(가)-(라)
③ (다)-(나)-(라)-(가)
④ (다)-(라)-(나)-(가)

58. (3점)

> (가) 친구들이 집에 오기로 해서 먹을 것을 사러 시장에 갔습니다.
>
> (나) 아무 것도 사지 못하고 집으로 돌아와서 지갑을 찾았습니다.
>
> (다) 벽에 걸린 가방 안을 살펴봤더니 그 안에 지갑이 있었습니다.
>
> (라) 먹을 것을 골라서 계산을 하려는데 지갑이 없었습니다

① (가)-(라)-(나)-(다)
② (가)-(나)-(다)-(라)
③ (가)-(다)-(나)-(라)
④ (가)-(라)-(다)-(나)

오빠는 작년에 대학교를 졸업하고 군인이 되었습니다. (㉠) 저는 자주 오빠에게 편지와 소포를 보냈습니다. (㉡) 몇 주 후면 오빠가 휴가를 나올 것입니다. (㉢) 몇 달 만에 오빠를 만나는 것이라서 무척 반가울 것 같습니다. (㉣) 저는 나라를 지키는 일을 하는 오빠가 무척 자랑스럽습니다.

59. (㉠)에 들어갈 알맞은 말을 고르십시오. (2점)

그래서 지금은 강원도에 살고 있습니다.

① ㉠　　　② ㉡　　　③ ㉢　　　④ ㉣

60. 이 글의 내용과 같은 것을 고르십시오. (3점)

① 오빠는 지방으로 휴가를 갈 것입니다.
② 오빠는 대학교를 졸업하고 휴가를 갔습니다.
③ 저는 군인이 된 오빠가 무척 자랑스럽습니다.
④ 부모님은 오빠에게 가끔 편지와 소포를 보냈습니다.

각 나라별로 요리를 할 때 사용하는 재료나 요리 방법이 다릅니다. 또 음식을 먹는 방법도 나라마다 다 다릅니다. 그래서 요즘 세계 요리에 관심을 갖는 사람들이 많습니다. 왜냐하면 요리를 (　) 맛있는 음식도 먹을 수 있고, 그 나라의 음식 문화까지 배울 수 있기 때문입니다. 물론, 한국에 사는 외국인 중에서도 한국 요리와 음식 문화에 대해 배우고 싶어하는 사람들이 많습니다.

61. (　)에 들어갈 알맞은 말을 고르십시오.

① 배우면서　　　② 고치면서　　　③ 가져오면서　　　④ 기다리면서

62. 이 글의 내용과 같은 것을 고르십시오.

① 세계 요리에 관심을 갖는 사람들은 많습니다.

② 세계 요리에 관심을 갖는 사람들이 줄어들었습니다.

③ 한국의 음식 문화로는 한국 문화를 알 수 없습니다.

④ 외국인들은 한국의 음식 문화에 대해 관심이 거의 없습니다.

[63~64] 다음을 읽고 물음에 답하십시오.

받는사람 : marata@mate.com

제목 : 새로 나온 카드를 안내해드립니다.

보낸사람 : jinju@jubank.co.kr

안녕하십니까? 저희 나라은행을 이용해 주셔서 감사합니다.

새로 나온 카드에 관한 안내 메일을 드립니다.

한 달에 30만원 이상 카드를 사용하실 경우, 전국 모든 커피숍에서 20%할인, 버스나 지하철 요금 5% 할인, 하하 미용실에서 5% 할인을 받으실 수 있습니다. 많은 관심 부탁 드립니다. 궁금한 점이 있으시면 언제든지 저에게 연락 주십시오.

즐거운 하루 되십시오.

나라은행 김진주 올림

63. 나라은행 김진주 씨는 왜 이 글을 썼습니까? (2점)

① 카드를 새로 바꾸려고

② 새로 나온 카드를 알리려고

③ 새로 나온 카드를 신청하려고

④ 카드를 새로 만들어서 보내 주려고

64. 이 글의 내용과 같은 것을 고르십시오. (3점)

① 궁금한 점이 있으면 우체국에서 일하는 김진주 씨에게 연락해야 합니다.

② 한 달에 30만원을 쓰면 언제든지 버스, 지하철을 무료로 탈 수 있습니다.

③ 카드를 만드는 모든 사람이 버스나 지하철 요금을 5% 할인 받을 수 있습니다.

④ 한 달에 30만원 이상 카드를 사용하면 하하 미용실에서 5% 할인을 받을 수 있습니다.

[65~66] 다음을 읽고 물음에 답하십시오.

> 우리가 하는 여러 가지 다른 일들 때문에 공기 중에는 눈에 보이지 않는 먼지가 많이 떠 있습니다. 먼지를 마시면 건강에 좋지 않습니다. 또 여러 가지 병의 원인이 될 수 있습니다. 그래서 마스크나 손수건으로 먼지가 몸 안으로 (㉠) 해야 합니다. 그리고 몸이 약한 어린이, 노인은 먼지가 많은 곳을 피해야 합니다.

65. (㉠)에 들어갈 알맞은 말을 고르십시오. (2점)

① 보게

② 들어오게

③ 찾아오지 못 하게

④ 들어오지 못 하게

66. 이 글의 내용과 같은 것을 고르십시오. (3점)

① 공기에는 눈에 보이는 먼지만 있습니다.

② 건강한 사람은 먼지를 마셔도 괜찮습니다.

③ 먼지를 많이 마시지 않도록 주의해야 합니다.

④ 특히 몸이 약한 사람은 먼지가 많은 곳을 가야 합니다.

친구와 제주도로 여행을 가려고 계획을 세웠습니다. 여행 기간과 장소, 날짜를 결정하고, 호텔도 알아봤습니다. 여행사로 전화를 걸어 그날 비행기표가 있는지 물어봤습니다. 그런데 그 날 제주도로 가는 표는 (㉠) 팔렸습니다. 우리는 계획을 바꿔서 배를 타고 제주도에 (㉡).

67. (㉠)에 들어갈 알맞은 말을 고르십시오.

① 아마 ② 미리 ③ 모두 ④ 아직

68. (㉡)에 들어갈 알맞은 말을 고르십시오.

① 가기로 했습니다

② 막기로 했습니다

③ 미루기로 했습니다

④ 멈추기로 말했습니다

안경을 (㉠) 때는 유행만을 따르지 않고 자기 얼굴 모양에 맞는 것으로 찾아야 합니다. 왜냐하면 유행하는 안경이 나에게 어울리지 않을 수 있기 때문입니다. 또 안경을 고를 때는 안경점에서 여러 가지 종류의 안경을 써 봐야 합니다. 안경의 무게도 이때 확인할 수 있습니다. 이렇게 고른 안경은 인상을 좋게 만들고 머리 모양이나 옷과도 잘 어울릴 것입니다.

69. (㉠)에 들어갈 알맞은 말을 고르십시오.

① 닦을 ② 고를 ③ 포장할 ④ 선물할

70. 이 글의 내용으로 알 수 있는 것은 무엇입니까?

① 안경은 무거운 것이 좋은 것입니다.

② 안경은 유행하는 것을 사는 것이 좋습니다.

③ 안경을 쓴다고 인상을 좋게 만들 수 없습니다.

④ 안경을 살 때는 얼굴에 맞는 것을 사는 것이 좋습니다.

3. 3회 모의고사

보기

열이 납니다. 목도 아픕니다.

❶ 감기   ② 상 처   ③ 병   ④ 배탈

31. (2점)

번호를 누릅니다. 친구와 이야기합니다.

① 전화   ② 약속   ③ 취미   ④ 배달

32. (2점)

케이크를 살 겁니다. 선물도 준비합니다.

① 집들이   ② 입학   ③ 생일   ④ 졸업

33. (3점)

저는 베트남 사람입니다. 선생님입니다.

① 이름   ② 나라   ③ 직업   ④ 소개

[34~39] 〈보기〉와 같이 빈칸에 제일 알맞은 것을 고르십시오.

보기

날씨가 춥습니다. (   )이 많이 붑니다.

① 눈   ② 비   ❸ 바람   ④ 구름

34. (2점)

지하철로 공항(　) 갑니다.

① 은　　　　② 에　　　　③ 에서　　　　④ 에게

35. (2점)

머리가 아픕니다. (　)에 갑니다.

① 공항　　　　② 우체국　　　　③ 병원　　　　④ 학교

36. (2점)

주말에 친구들과 영화관에 갔습니다. 우리는 재미있게 영화를 (　).

① 봤습니다.　　　② 들었습니다　　　③ 샀습니다　　　④ 걸었습니다

37. (3점)

저희 집은 회사에서 (　). 그래서 이사를 하려고 합니다.

① 깁니다　　　② 짧습니다　　　③ 멉니다　　　④ 가깝습니다

38. (3점)

약속 시간에 (　) 늦었습니다. 그래서 뛰어 갔습니다.

① 늘　　　　② 오래　　　　③ 일찍　　　　④ 많이

39. (2점)

한국어로 이름을 (　). 할 수 있습니까?

① 쓰세요　　　② 보세요　　　③ 하세요　　　④ 아세요

40. (3점)

> **"축구대회를 합니다"**
>
> 날짜 : 5월 20일 9 : 00 ～ 17 : 00
>
> 만나는 곳 : 한국초등학교 운동장
>
> 참가비 : 만 원
>
> 연락처 : 010-1234-5678
>
> (비가 오면 축구 대회를 하지 않습니다.)

① 10,000원을 내야 합니다.

② 비가 오면 운동장에서 모입니다.

③ 한국 초등학교에서 축구를 합니다.

④ 저녁 5시까지 축구 대회를 합니다.

41. (3점)

라디오 시간	
5시	어린이를 위한 옛날이야기
6시	날씨
7시	노래 가요
8시	뉴스

① 7시부터 한 시간 동안은 가수들이 나옵니다.

② 5시부터 6시까지는 아이들을 위한 시간입니다.

③ 6시부터 7시까지는 비나 눈 소식을 들을 수 있습니다.

④ 8시부터 두 시간 동안은 재미있는 이야기를 들을 수 있습니다.

42.

피아노를 배워보세요!

　즐겁게 피아노를 배워보세요. 월요일부터 토요일까지 하루 세 번 피아노 수업이 있습니다. 일요일은 수업이 없습니다. 수업 시간은 오전 9시부터 11시, 오후 1시부터 3시까지 입니다. 저녁 7시에는 노래와 함께 배우는 피아노 교실이 있으니 많은 관심바랍니다.

① 피아노 수업은 모두 3개입니다.

② 여기서 피아노를 배울 수 있습니다.

③ 일요일에는 피아노를 배울 수 없습니다.

④ 아침에는 피아노를 치면서 노래도 배울 수 있습니다.

43.

　저는 요즘 기타를 배우러 다닙니다. 기타를 배운 지 3개월쯤 되어서 잘 치지는 못합니다. 그래도 기타를 치면서 노래를 부르는 것이 재미있습니다.

① 지금은 기타를 잘 칩니다.

② 3월부터 배우기 시작했습니다.

③ 기타를 칠 때 노래도 부릅니다.

④ 저는 기타를 혼자 연습했습니다.

44.

저는 그림 그리는 것을 좋아합니다. 매일 몇 시간씩 그림을 그립니다. 그리고 일주일에 한 번씩 친구들과 모여서 그림을 그립니다. 친구들의 그림을 보기도 합니다. 이번 주 수요일에도 친구들과 그림을 그릴 것입니다.

① 저는 친구들을 그립니다.

② 매주 한 번씩 그림을 그립니다.

③ 그림을 그리는 것이 저의 취미입니다.

④ 이번 주 목요일에도 친구들을 만날 것입니다.

45.

다음 주는 휴가입니다. 저는 바다를 좋아합니다. 그래서 부산에 있는 바다에 갈 것입니다. 일주일 동안 수영도 하고 친구들과 사진도 많이 찍으려고 합니다.

① 부산은 바다의 이름입니다.

② 부산에서 사진을 찍었습니다.

③ 다음 주는 일을 하지 않습니다.

④ 부산에는 맛있는 요리가 많습니다.

[46~48] 다음을 읽고 중심 생각을 고르십시오.

46. (3점)

집 앞에 러시아 식당이 있습니다. 자주 가서 만두와 고기를 먹습니다. 주인이 러시아 사람이라서 가끔 주인과 러시아말로 이야기를 합니다.

① 저는 러시아 사람입니다.

② 저는 식당 주인과 친합니다.

③ 저는 러시아 음식을 좋아합니다.

④ 러시아 식당은 항상 만두를 팝니다.

47. (3점)

> 지난 일요일에 우리 가족은 모두 어머니를 도와 드렸습니다. 아버지는 청소를 하고 저는 요리를 했습니다. 동생은 빨래를 했습니다. 어머니께서 정말 좋아하셨습니다.

① 저는 김치찌개를 만들었습니다.

② 어머니는 동생을 정말 좋아하십니다.

③ 동생은 어머니의 옷을 사 드렸습니다.

④ 우리 가족이 집안일을 해서 어머니가 좋아하셨습니다.

48. (2점)

> 어제 저녁에 김치와 설렁탕을 먹었습니다. 아침에는 된장찌개와 밥을 먹었고 점심에는 김밥을 먹었습니다. 오늘 저녁에는 삼겹살을 먹을 것입니다.

① 어제 김치를 만들었습니다.

② 저는 한국 요리를 좋아합니다.

③ 저녁에 시장에서 고기를 샀습니다.

④ 오늘 오후에 요리를 배우러 갈 것입니다

[49~50] 다음을 읽고 물음에 답하십시오. (각 2점)

> 일본에 계신 어머니께서 소포를 보내셨습니다. 소포 안에는 제가 좋아하는 과자와 가방이 들어 있었습니다. 어머니는 제가 어릴 때도 가방을 만들어 주셨습니다. 그래서 어머니의 가방은 (㉠)

49. (㉠)에 들어갈 알맞은 말을 고르십시오.

① 어머니가 만듭니다.

② 제게 매우 특별합니다.

③ 어머니가 매우 좋아하십니다.

④ 항상 안에 좋아하는 과자가 있습니다.

50. 이 글의 내용과 같은 것을 고르십시오.

① 제가 가방을 만들었습니다.

② 어머니에게 택배를 보냈습니다.

③ 어머니께서 가방을 만드셨습니다.

④ 어머니께서 과자를 만드셨습니다.

오늘은 방을 같이 쓰는 친구 란 씨의 생일입니다. 우리는 케이크와 풍선 그리고 장미꽃도 준비했습니다. 학교가 끝나고 란 씨가 왔습니다. 우리는 케이크도 먹고 노래도 불렀습니다. 란 씨도 즐거워하고 우리도 (㉠).

51. (㉠)에 들어갈 알맞은 말을 고르십시오.

① 고맙습니다.

② 기분이 좋았습니다.

③ 마음이 아팠습니다.

④ 기분이 바뀌었습니다.

52. 무엇에 대한 이야기입니까? 알맞은 것을 고르십시오.

① 생일에 해야 할 일

② 친구와 먹는 케이크

③ 같이 방을 쓰는 모임 만들기

④ 친구가 태어난 날을 축하하기

저는 다른 사람에게 화를 내기 보다 웃어 주려고 합니다. 그러면 그 사람도 저에게 더 친절하게 말해 줍니다. 예를 들어, 저는 아이가 이를 안 닦으려고 하면 화를 내지 않고 웃으면서 이야기합니다. ( ). 그러면 아이도 웃으면서 이를 닦으러 갑니다. 어른도 이와 같습니다. 앞으로는 다른 사람에게 화를 내면서 말하려고 하기 전에 한 번 웃어 보세요.

53. (   )에 알맞은 말을 고르십시오. (2점)

① "벌써 이를 닦을 시간이다."

② "이를 안 닦으면 혼난다."

③ "손을 잘 닦으면 건강해진다."

④ "엄마는 네가 화를 내지 않았으면 좋겠다."

54. 이 글의 내용과 같은 것을 고르십시오. (3점)

① 화 내기 전에 웃으며 이야기합시다.

② 아이에게 웃어 줄 필요가 없습니다.

③ 아이들은 모두 이를 닦기 싫어합니다.

④ 사람들과 일을 같이 하고 싶으면 계속 웃어 주어야 합니다.

미영아!

학교 앞에 있는 하마 커피숍에서 만나자. 점심으로 커피, 샌드위치와 네가 좋아하는 아이스크림도 먹자. ( ) 쓰기 숙제도 하자. 숙제를 하고 나서 서로 틀린 것도 고쳐 주면 좋을 것 같아. 숙제가 끝나면 선생님 이메일로 숙제를 보내자.　　　　　　　　　　　　　　　　　　　　　　－ 민수 －

55. (   )에 들어갈 알맞은 말을 고르십시오. (2점)

① 그리고　　　　　② 그러나　　　　　③ 그런데　　　　　④ 그래서

56. 이 글의 내용과 같은 것을 고르십시오. (3점)

① 두 사람은 도서관에 갈 것입니다.

② 두 사람은 함께 저녁을 먹으려고 만납니다.

③ 두 사람은 만나서 읽기 숙제를 할 것입니다.

④ 하마 커피숍에서는 커피와 아이스크림을 팝니다

[57~58] 다음을 순서대로 맞게 나열한 것을 고르십시오.

57. (2점)

(가) 저는 일주일에 세 번 수영을 합니다.

(나) 그 다음에 준비 운동을 합니다.

(다) 수영이 끝나고 나서 샤워를 합니다.

(라) 수영장에 가면 먼저 옷을 갈아 입습니다.

① (가)–(나)–(다)–(라)

② (가)–(나)–(라)–(다)

③ (가)–(다)–(라)–(나)

④ (가)–(라)–(나)–(다)

58. (3점)

(가) 하얀 옷과 까만 옷을 따로 빱니다.

(나) 주머니에 아무 것도 없는지 봅니다.

(다) 옷을 다리미로 잘 다립니다.

(라) 햇볕에 옷을 잘 말립니다.

① (나)–(다)–(라)–(가)

② (나)–(라)–(다)–(가)

③ (나)-(라)-(가)-(다)

④ (나)-(가)-(라)-(다)

오늘 처음으로 운전을 해서 친구 집에 갔습니다. 집에서 지도를 보고 운전을 시작했습니다. (㉠) 그러나 집에서 오른 쪽으로 가야 하는데 왼쪽으로 갔습니다. 너무 놀라서 길을 잊었습니다. (㉡) 다시 집으로 와서 아버지에게 길을 물어보았습니다. (㉢) 오늘은 처음이라서 잘 못했지만 내일은 운전을 더 잘 할 수 있을 것입니다. (㉣)

59. 다음 문장이 들어갈 곳을 고르십시오. (2점)

그래서 길은 알게 되었지만 찾아가는 것은 쉽지 않았습니다.

① ㉠　　　　② ㉡　　　　③ ㉢　　　　④ ㉣

60. 이 글의 내용과 같은 것을 고르십시오. (3점)

① 저는 운전을 잘 합니다.

② 운전은 재미가 없습니다.

③ 저는 이제 운전을 못할 것입니다.

④ 아버지는 친구 집에 가는 길을 아십니다.

61. (　　)에 들어갈 알맞은 말을 고르십시오.

오늘 오후에 아이를 데리러 학교에 갔습니다. 한국 초등학교는 학교 안에 큰 운동장이 있습니다. 우리 아이는 가끔 거기서 다른 아이들과 축구를 합니다. 아이는 저를 보자 (　　) 뛰어 왔습니다. 그리고 저와 함께 집에 와서 샤워를 하고 저녁을 먹었습니다.

① 울며 　　　　　② 웃으며 　　　　　③ 놀라서 　　　　　④ 화를 내며

62. 이 글의 내용과 같은 것을 고르십시오.

① 아이는 집에 와서 간식을 먹었습니다.

② 저는 선생님을 만나러 학교에 갔습니다.

③ 저는 운동장에 있는 아이를 데려왔습니다.

④ 아이는 운동장에서 농구를 하고 있었습니다.

받는 사람 : songee@river.com

제목 : 저희 결혼식에 와 주셔서 감사합니다.

보낸 사람 : kmg1412@river.com

선생님 안녕하세요. 저희 결혼식에 와 주셔서 감사합니다. 또 좋은 말씀도 감사합니다. 그런데 그날은 결혼식에 사람이 많아서 감사 인사도 잘 못 드렸습니다. 저희는 신혼 여행에서 어제 돌아왔습니다. 선생님께 드릴 작은 선물을 사 왔는데 찾아 뵙고 인사 드리고 싶습니다. 편하신 날짜를 알려주시면 그날 찾아 뵙겠습니다.

감사합니다. 　　　　　　　　　　　　　　　　　　　　　　　　　　　서정인 올림

63. 정인 씨는 왜 이 글을 썼습니까? (2점)

① 신혼 여행에서 돌아와서

② 선생님과 만날 약속을 잊어서

③ 선생님을 결혼식에 초대하려고

④ 선생님께 감사 인사를 드리려고

64. 이 글의 내용과 같은 것을 고르십시오. (3점)

① 정인 씨는 아직 결혼하지 않았습니다.

② 선생님은 정인 씨의 결혼식에 오셨습니다.

③ 선생님과 만날 장소는 정인 씨의 집입니다.

④ 정인 씨는 결혼식 전에 선물을 준비했습니다.

　　겨울에는 감기에 걸리는 사람이 많습니다. 감기에 걸리면 코나 목이 아파서 일도 잘 못하게 됩니다. 그럼, 감기에 걸리지 않으려면 어떻게 해야 할까요? 먼저 집안을 너무 따뜻하게 하는 것은 좋지 않습니다. (　) 밖에 나갔을 때 더 춥게 느껴지기 때문입니다. 또 밖에 나갈 때는 목도리나 마스크를 하고 집 안에서는 따뜻한 차와 과일을 자주 먹어야 합니다.

65. (　)에 들어갈 알맞은 말을 고르십시오. (2점)

　① 얼마나

　② 그러나

　③ 왜냐하면

　④ 덕분에

66. 이 글의 내용과 같은 것을 고르십시오. (3점)

　① 따뜻한 차는 감기에 좋습니다.

　② 집이 따뜻하면 감기에 덜 걸립니다.

　③ 감기에 걸리면 목도리를 해야 합니다.

　④ 날씨가 추워지면 과일을 많이 먹어야 합니다.

어제 친구들과 관악산에 갔습니다. 관악산은 아주 높은 산은 아닙니다. 그래도 여행을 위해서 (㉠) 신발과 수건, 물 등을 준비했습니다. 봄이어서 산에는 꽃이 많이 피었습니다. 사진을 찍고 오후 2시쯤 산에서 내려왔습니다. 다음 주말에 또 친구들과 (㉡).

67. (㉠)에 들어갈 알맞은 말을 고르십시오.

① 편한 ② 무거운 ③ 쉬운 ④ 밝은

68. (㉡)에 알맞은 것을 고르십시오.

① 산에 갔습니다.

② 산에 갈 것입니다.

③ 산에 가도 됩니다.

④ 산에 간 적이 있습니다.

저와 가장 친한 친구의 이름은 김은정입니다. 은정이는 키가 저와 비슷해서 학교에서 항상 옆에 앉습니다. 또 저와 좋아하는 것도 똑같아서 학교가 끝나면 같이 운동도 하고 쇼핑도 합니다. 은정이는 요리를 잘해서 가끔 저에게 맛있는 음식을 만들어 줍니다. 어제도 학교가 끝나고 나서 은정이가 (㉠) 볶음밥을 먹었습니다. 앞으로도 오랫동안 은정이와 친하게 지내고 싶습니다.

69. (㉠)에 알맞은 것을 고르십시오.

① 만든 ② 먹은 ③ 끓인 ④ 자른

70. 이 글의 내용으로 알 수 있는 것은 무엇입니까?

　① 저에게는 동생이 없습니다.

　② 은정이와 저는 친한 친구입니다.

　③ 저와 은정이는 옆 학교에 다닙니다.

　④ 저는 항상 은정이와 저녁을 먹습니다.

Appendix

부록

정답과 영어 번역
읽기 답안지

1장 답안

1. 안내하는 글

1 1. 엘리베이터   2. ②   3. ②
2 1. 왕   2. ①   3. ①
3 1. 체육관   2. ③   3. ②
4 1. 텔레비전 프로그램   2. ④   3. ①

2. 초대하는 글

1 1. 결혼식   2. ①   3. ③
2 1. 생일 초대   2. ④   3. ③
3 1. 집들이   2. ④   3. ③
4 1. 영화   2. ①   3. ④

3. 광고하는 글

1 1. 기타   2. ③   3. ③
2 1. 세일/할인   2. ④   3. ①
3 1. 무료로 고쳐 주는/무료 수리해주는
    2. ①   3. ④
4 1. 강아지   2. ①   3. ④

4. 요구나 요청하는 글

1 1. 새 학기 수업시간표   2. ②   3. ④
2 1. 옷 교환   2. ④   3. ③
3 1. 컴퓨터 수업/컴퓨터 수업시간   2. ③   3. ④
4 1. 부산 여행/부산 방문   2. ①   3. ④

5. 정보를 전달하는 글

1 1. 인터넷   2. ③   3. ①
2 1. 내복   2. ②   3. ③
3 1. 인터넷 게임   2. ①   3. ④
4 1. ③   2. 코끼리   3. ③

6. 경험이나 느낌을 나타낸 글

1 1. 책을 읽는 것   2. ②   3. ④
2 1. 친구   2. ②   3. ②
3 1. 봄   2. ③   3. ②
4 1. ②   2. 청소   3. ①

2장 토픽 문제 유형별 연습 정답

1. 31번 ~ 33번 소재 파악하기

1. ②   2. ④   3. ②   4. ②

연습문제

1. ①   2. ②   3. ②   4. ②   5. ④
6. ③   7. ①   8. ①   9. ①   10. ①
11. ②   12. ④

2. 34번 ~ 39번 짧은 문장 완성하기

2.1 알맞은 조사 찾기

1. ②   2. ③

연습 문제

1. ④   2. ①

2.2 알맞은 명사 찾기: 장소

1. ④   2. ①

연습 문제

1. ①   2. ②

2.3 알맞은 동사, 형용사, 부사 찾기 1

2.3.1 동사   1. ②
2.3.2 형용사   1. ③
2.3.3 부사   1. ①

연습 문제

1. ②   2. ④   3. ③   4. ③   5. ①
6. ④   7. ②   8. ③   9. ②   10. ①
11. ③

2.4 알맞은 동사, 형용사, 부사 찾기 2

2.4.1 동사   1. ④
2.4.2 형용사   1. ④
2.4.3. 부사   1. ④

연습 문제

1. ④   2. ①   3. ②   4. ④   5. ③
6. ④   7. ②   8. ④   9. ③   10. ③
11. ④   12. ②

3. 40번 ~ 42번 세부내용 파악하기 1

1. ②

연습문제
1. ④　　2. ①　　3. ④　　4. ①　　5. ④
6. ②　　7. ①　　8. ④

4. 43번 ~ 45번 세부내용 파악하기 2

4.1 '다른 표현으로 설명한' 세부내용 파악하기
1. ④　　2. ④

4.2 '시간의 전후/ 원인과 결과'를 알려주는 세부내용 파악하기
1. ①　　2. ③

연습문제
1. ④　　2. ③　　3. ②　　4. ③　　5. ②
6. ③　　7. ①　　8. ③　　9. ④　　10. ③
11. ①

5. 46번 ~ 48번 중심 생각 파악하기

5.1 시간/상황으로 중심생각 파악하기
1. ②

5.2 원인/결과로 중심 생각 파악하기
1. ④　　2. ②

5.3 부연 설명으로 중심 생각 파악하기
1. ④　　2. ③

연습문제
1. ②　　2. ③　　3. ④　　4. ③　　5. ②
6. ④　　7. ③　　8. ①　　9. ②　　10. ③

6. 49번 ~ 56번 알맞은 어휘 고르기 / 같은 내용 고르기

6.1 알맞은 어휘 고르기 1, 2 / 6.2. 세부 내용 파악하기 1, 2
1. ④　　2. ②　　3. ①　　4. ④

연습문제
1. ①　　2. ①　　3. ②　　4. ④　　5. ④
6. ①　　7. ④　　8. ②　　9. ①　　10. ③
11. ①　　12. ①　　13. ④　　14. ④　　15. ③
16. ①

7. 57번 ~ 58번 순서파악하기

7.1 시간 / 상황으로 순서 파악하기
1. ④

7.2 원인/결과로 순서 파악하기
1. ①

7.3 부연 설명으로 순서 파악하기
1. ④

연습문제
1. ③　　2. ④　　3. ①　　4. ②

8. 59번 ~ 66번 내용 파악하기 / 같은 내용 고르기

8.1 맥락 활용하기
1. ④

8.2 세부 내용 파악하기
1. ③

연습문제
1. ③　　2. ④　　3. ③　　4. ④　　5. ①
6. ③　　7. ④　　8. ④

8.3 글을 쓴 목적 파악하기
1. ②　　2. ③

연습문제
1. ④　　2. ③　　3. ④　　4. ①

9. 67번 ~ 70번 알맞은 어휘 찾기 / 주어진 내용으로 추측하기

9.1 알맞은 어휘 / 문법 고르기
1. ③　　2. ④

9.2 알맞은 어휘 / 문법 고르기
1. ④　　2. ①

연습문제
1. ②　　2. ④　　3 ②　　4. ④　　5. ①
6. ②　　7. ③　　8. ③

9.3 주어진 내용으로 추측하기
1. ④　　2. ③

연습문제
1. ③　　2. ④　　3. ③　　4. ④　　5. ④

2장 토픽 문제 유형별 연습

1. 31번~33번 소재 파악하기

1. 무엇에 대한 이야기입니까? 알맞은 것을 고르십시오.

다음 달에 서울에 갑니다. 친구를 만나려고 합니다.

① 취미　　② 계획　　③ 수업　　④ 물건

---

2. 무엇에 대한 이야기입니까? 알맞은 것을 고르십시오.

한국의 겨울 날씨는 많이 춥습니다. 그리고 여름은 정말 덥습니다.

① 습관　　② 시간　　③ 운동　　④ 계절

계절 : 봄, 여름, 가을, 겨울.

날씨 : 춥다, 덥다, 따뜻하다 등

---

3. 무엇에 대한 이야기입니까? 알맞은 것을 고르십시오.

저는 제주도에서 태어났습니다. 그곳은 자연이 정말 아름답습니다.

① 학교　　② 고향　　③ 직업　　④ 주소

2. TOPIK Practice test.

1. 31~33 Grasping Subject Material

1. What does each passage describe? Choose the best answer.

I am going to go Seoul next month to see my friend.

① Hobby　　② Plan　　③ Lesson　　④ Things

Vst(으)려고 하다, Vst(으)ㄹ 거예요, Vst기로 하다 : expresses the subject's intention or plan that has yet to be acted upon. The past tense of this expression is only used when the result is what was not expected.

---

2. What does each passage describe? Choose the best answer.

The weather in Korea is really cold in the winter, and really hot in the summer.

① Habits　　② Time　　③ Exercise　　④ The season

계절 The seasons :
봄 spring, 여름 summer,
가을 fall, 겨울 winter.

날씨 The weather :
춥다 cold, 덥다 hot, 따듯하다 warm.

---

3. What does each passage describe? Choose the best answer.

I was born in Jeju Island. The island has beautiful scenery.

① Someone's school
② Someone's hometown
③ Someone's job
④ Someone's address

*자연 : Nature
*고향 Hometown : The place where one was born and/or grew up.

---

4. 무엇에 대한 이야기입니까? 알맞은 것을 고르십시오.

어제는 비가 많이 왔습니다. 하지만 오늘은 비는 오지 않고 바람만 많이 붑니다.

① 교통　　② 날씨　　③ 여행　　④ 음식

4. What does each passage describe? Choose the best answer.

We had a lot of rain yesterday. We don't have any rain today, just wind.

① Traffic　　② Weather
③ Travel　　④ Foods

* Keywords : 날씨 Weather :
　비 rain, 눈 snow,
　바람 wind, 구름 clouds, 햇빛 sun, 등 etc.

연습문제

1. 무엇에 대한 이야기입니까? 알맞은 것을 고르십시오.

방학입니다. 친구들과 부산에 갑니다.

① 여행　　② 건강　　③ 날씨　　④ 유학

Exercise

1. What does each passage describe? Choose the best answer.

For my summer vacation, I'm going to Busan with my friends.

① Travel　　② Health
③ Weather　　④ Study abroad

---

2. 무엇에 대한 이야기입니까? 알맞은 것을 고르십시오.

어제 부모님께 편지를 썼습니다. 오늘 편지를 보내러 갈 겁니다.

① 병원　　② 우체국　　③ 은행　　④ 시장

2. What does each passage describe? Choose the best answer.

I wrote a letter yesterday and I am going to go send that letter today.

① A hospital　　② A post office
③ A bank　　④ A market

---

3. 무엇에 대한 이야기입니까? 알맞은 것을 고르십시오.

책상을 닦습니다. 옷도 정리합니다.

① 날짜　　② 청소　　③ 집　　④ 시장

3. What does each passage describe? Choose the best answer.

I dust my desk and I organize my clothes.

① Date　　② Cleaning
③ A house　　④ A market

4. 무엇에 대한 이야기입니까? 알맞은 것을 고르십시오.

한식을 만듭니다. 식당에서 일합니다.

① 방법　　② 장소　　③ 직업　　④ 건강

4. What does each passage describe? Choose the best answer.

I work at a restaurant cooking Korean food.

① A habit　② A place　③ A job　④ Health

---

5. 무엇에 대한 이야기입니까? 알맞은 것을 고르십시오.

가방을 샀습니다. 옷도 사려고 합니다.

① 일　　② 요리　　③ 운동　　④ 쇼핑

5. What does each passage describe? Choose the best answer.

I bought a bag and I am going to buy clothes.

① Work　　　　② Cooking
③ Exercise　　④ Shopping

---

6. 무엇에 대한 이야기입니까? 알맞은 것을 고르십시오.

교실에 있습니다. 한국어를 배웁니다.

① 의사　　② 선생님　　③ 학생　　④ 회사원

6. What does each passage describe? Choose the best answer.

We are in the classroom and we learn Korean.

① A doctor　　　　② A teacher
③ A student　　　　④ An office worker

---

7. 무엇에 대한 이야기입니까? 알맞은 것을 고르십시오.

김치찌개가 맛있습니다. 불고기도 더 먹고 싶습니다.

① 음식　　② 장소　　③ 시간　　④ 생일

7. What does each passage describe? Choose the best answer.

This kimchi stew is delicious, and I want to eat more Bulgogi.

① food　　　　② A place
③ Time　　　　④ A birthday

* Bulgogi : Korean style Barbecued Beef.

---

8. 무엇에 대한 이야기입니까? 알맞은 것을 고르십시오.

주말에 등산을 할 겁니다. 많이 춥지 않았으면 좋겠습니다.

① 날씨　　② 바다　　③ 경치　　④ 계절

8. What does each passage describe? Choose the best answer.

I'll go hiking this weekend, so I hope that it is not too cold.

① Whether　　　　② Ocean
③ Scenery　　　　④ Season

9. 무엇에 대한 이야기입니까? 알맞은 것을 고르십시오.

토요일에 친구를 만날 겁니다. 일요일에 영화를 볼 겁니다.

① 계획　　② 방학　　③ 취미　　④ 시간

9. What does each passage describe? Choose the best answer.

I will meet my friend on Saturday and watch a movie on Sunday.

① Plan　　② Vacation
③ Hobby　　④ Time

---

10. 무엇에 대한 이야기입니까? 알맞은 것을 고르십시오.

저는 강릉에서 왔습니다. 제 친구는 전주에서 왔습니다.

① 고향　　② 여행　　③ 휴가　　④ 약속

10. What does each passage describe? Choose the best answer.

I am from Gangneung and my friend is from Jeonju.

① Hometown　　② Trip
③ Vacation　　④ Promise

---

11. 무엇에 대한 이야기입니까? 알맞은 것을 고르십시오.

매일 아침 조깅을 합니다. 수요일 저녁에는 수영을 합니다.

① 점심　　② 운동　　③ 전공　　④ 연습

11. What does each passage describe? Choose the best answer.

I jog every morning and swim every Wednesday evening.

① lunch　　② exercise
③ major　　④ practice

---

12. 무엇에 대한 이야기입니까? 알맞은 것을 고르십시오.

오늘 집에서 한국 친구들과 김치를 만들었습니다. 정말 재미있고 맛있었습니다.

① 빨래　　② 날짜　　③ 운동　　④ 요리

12. What does each passage describe? Choose the best answer.

Today I made kimchi in my house with my Korean friends. It was really fun and the kimchi was delicious.

① laundry　　② days
③ exercise　　④ cooking

2. 34번~39번 짧은 문장 완성하기

2.1. 알맞은 조사 찾기

1. 빈칸에 제일 알맞은 것을 고르십시오.

지갑(　) 잃어버렸습니다.

① 이　　② 을　　③ 과　　④에서

2. 34~39 Fill in the blank

2.1. Finding the appropriate postpositional particle.

1. Fill in the blank.

Which postpositional particle would be attached to the word 지갑(　) in a Korean translation?
I lost my purse.

① 이　　② 을　　③ 과　　④에서

① 이 and 가 attached to a noun or noun phrases is used to show the subject of the sentence.

② 을 and 를 attached to a noun or noun phrases is used to show the object of the sentence.

ex) 지갑을 잃어 버렸습니다.

Ø(Subject) purse (Object) lost(verb)

(I lost my purse.)

③ 과 and 와 attached to a noun or noun phrases is used in the same way we would use'with' or 'and' in English

④ 에서 attached to a noun or noun phrases is used to describe the static location or starting point

ex) 1. 동생은 집에서 공부를 해요.

　　　　　└ the static location

(My brother studies at home.)

　　 2. 저는 영국에서 왔어요.

　　　　　└ starting point

(I came from the UK.)

---

2. 빈칸에 제일 알맞은 것을 고르십시오.

바람(　) 시원합니다.

① 과　　② 을　　③ 이　　④ 에서

2. Fill in the blank.

Which postpositional particle would be attached to the word 바람(　) in a Korean translation?

The wind is cool.

① 과　　② 을　　③ 이　　④ 에서

연습문제

1. 빈칸에 제일 알맞은 것을 고르십시오.

도서관(　) 도착했습니다.

① 을　　② 도　　③ 부터　　④ 에

Exercise

1.

Which postpositional particle would be attached to the word 도서관(　) in a Korean translation?

I arrived at the library.

① 을　　② 도　　③ 부터　　④ 에

2. 빈칸에 제일 알맞은 것을 고르십시오.

라디오(　) 고장이 났습니다.

① 가　　　② 를　　　③ 로　　　④ 와

2.2. 알맞은 명사 찾기 : 장소

1. 빈칸에 제일 알맞은 것을 고르십시오.

(　)에 갑니다. 머리를 자릅니다.

① 우체국　　② 은행　　③ 식당　　④미용실

2. 빈칸에 제일 알맞은 것을 고르십시오.

곧 기차를 타야 합니다. (　)으로 가야 합니다.

① 역　　　② 공원　　③ 서점　　④ 빵집

연습문제

1. 빈칸에 제일 알맞은 것을 고르십시오.

시험공부를 해야 합니다. (　)으로 갑니다.

① 도서관　　② 시장　　③ 은행　　④ 병원

2. 빈칸에 제일 알맞은 것을 고르십시오.

취직을 했습니다. 내일부터 (　)에 갈 겁니다.

① 축제　　② 회사　　③ 지하　　④ 사거리

2.

Which postpositional particle would be attached to the word 도서관(　) in a Korean translation?
My radio was broken.

① 가　　　② 를　　　③ 로　　　④ 와

2.2. Finding the appropriate noun : A location

1. Fill in the blank.

I go to (　) to get a haircut.

① a post office　　② a bank
③ a restaurant　　④ a hair salon

2. Fill in the blank.

We need to catch a train, so we have to go to (　).

① the station　　② the park
③ the bookstore　　④ the bakery

Exercise

1. Fill in the blank.

I have to study, so I go to (　).

① the library　　② the market
③ the bank　　④ the hospital

2. Fill in the blank.

I got a job, so I'll go to (　) starting tomorrow.

① a festival　　② the company
③ a basement　　④ a crossroad

2.3. 알맞은 동사, 형용사, 부사 찾기 1

2.3.1. 동사

1. 빈칸에 제일 알맞은 것을 고르십시오.

다음 주에 시험을 ( ). 그래서 열심히 공부할 겁니다.

① 합니다   ② 봅니다
③ 씁니다   ④ 읽습니다

2.3. Finding the appropriate verb, adjective, adverb 1

2.3.1. Verb

1. Fill in the blank.

I will ( ) an exam next week, so I will study hard.

① do   ② take   ③ write   ④ read

'보다' has a lot of meanings, for example, 영화를 보다, 시험을 보다, 책을 보다, 아이들 보다, 일을 보다 and so on.

2.3.2. 형용사

1. 빈칸에 제일 알맞은 것을 고르십시오.

날씨가 ( ). 그래서 창문을 열었습니다.

① 높습니다   ② 넓습니다
③ 덥습니다   ④ 가깝습니다

2.3.2. Adjective

1. Fill in the blank.

The weather is ( ), so I opened window.

① high   ② wide
③ hot   ④ close

2.3.3. 부사

1. 빈칸에 제일 알맞은 것을 고르십시오.

고향 음식을 ( ) 만들었습니다. '유학생의 날' 행사에 가지고 가려고 합니다.

① 많이   ② 정말   ③ 아마   ④ 이따가

2.3.3. Adverb

1. Fill in the blank.

I make my country's traditional food ( ). I will bring a few dishes to the "International Student's Day" event.

① a lot   ② really   ③ maybe   ④ later

연습문제

1. 빈칸에 제일 알맞은 것을 고르십시오.

발을 ( ). 그래서 잘 못 걷습니다.

① 찼습니다   ② 다쳤습니다
③ 올라갔습니다   ④ 준비했습니다

Exercise

1. Fill in the blank.

I ( ) my foot, so I can barely walk.

① kick   ② hurt
③ went up   ④ prepared

2. 빈칸에 제일 알맞은 것을 고르십시오.

집을 (　). 멋지게 만들고 싶습니다.

① 내립니다　　　　② 태어납니다
③ 부칩니다　　　　④ 짓습니다

2. Fill in the blank.

I am (　) a house. I want it to be nice.

① falling/ lowering　　② birthing
③ sending, flying　　④ building

---

3. 빈칸에 제일 알맞은 것을 고르십시오.

저는 아빠를 많이 (　). 동생은 엄마와 비슷하게 생겼습니다.

① 맞습니다　　　　② 따라갑니다
③ 닮았습니다　　　④ 좋아합니다

3. Fill in the blank.

I (　) my dad. My brother looks like my mother.

① correct　　② follow　　③ look like　　④ like

---

4. 빈칸에 제일 알맞은 것을 고르십시오.

이번 등산은 비가 많이 와서 (　). 다음 주말에 가기로 했습니다.

① 올라갔습니다　　② 찾아갔습니다
③ 취소했습니다　　④ 다녀왔습니다

4. Fill in the blank.

I had to (　) my hiking trip due to the heavy rain. I will go next weekend instead.

① climb　　　　　② visit
③ cancel　　　　　④ go and get back

---

5. 빈칸에 제일 알맞은 것을 고르십시오.

친구에게 편지를 (　). 답장을 빨리 받았으면 좋겠습니다.

① 보냈습니다　　　② 받았습니다
③ 만들었습니다　　④ 연습했습니다

5. Fill in the blank.

I (　) a letter to my friend. I hope I receive a reply to my letter soon.

① sent　　　　　　② receive
③ made　　　　　　④ practice

---

6. 빈칸에 제일 알맞은 것을 고르십시오.

하늘에 구름이 (　). 금방 비가 올 것 같습니다.

① 붑니다　　　　　② 깨끗합니다
③ 없습니다　　　　④ 많습니다

6. Fill in the blank.

The sky is (　). It will be raining soon.

① blow　　② clean　　③ none　　④ cloudy

---

7. 빈칸에 제일 알맞은 것을 고르십시오.

집이 (　). 그래서 이사하고 싶습니다.

① 느립니다　　　　② 작습니다
③ 맛있습니다　　　④ 무겁습니다

7. Fill in the blank.

My apartment is (　), so I would like to move.

① slow　　　　　　② small
③ delicious　　　　④ heavy

8. 빈칸에 제일 알맞은 것을 고르십시오.

여기서 버스 정류장까지 (　) 멉니다. 걸어서 35분 정도 걸립니다.

① 가끔　　　② 이미　　　③ 아주　　　④ 언제나

8. Fill in the blank.

The bus stop is (　) far from here. It takes about 35 minutes to walk there.

① sometimes　　　② already
③ very　　　④ always

9. 빈칸에 제일 알맞은 것을 고르십시오.

저는 가족이 (　) 보고 싶습니다. 방학 때 꼭 고향에 갈 것입니다.

① 안　　　② 늘　　　③ 깜짝　　　④ 따로

9. Fill in the blank.

I (　) miss my family. I definitely will go home for vacation.

① am not　　② always　　③ surprise　　④ separate

10. 빈칸에 제일 알맞은 것을 고르십시오.

영화가 (　) 슬펐습니다. 그래서 눈물이 났습니다.

① 많이　　　② 모두　　　③ 안　　　④ 또

10. Fill in the blank.

The movie was (　) sad. I had tears in my eyes.

① so　　　② all　　　③ not　　　④ also

11. 빈칸에 제일 알맞은 것을 고르십시오.

(　) 한국에 온 지 3년이 되었습니다. 이제 한국 생활이 편합니다.

① 그냥　　　② 일찍　　　③ 벌써　　　④ 열심히

11. Fill in the blank.

It has (　) been three years since I came to Korea, so life here is easy now.

① just　　② early　　③ already　　④ hard

2.4. 알맞은 동사, 형용사, 명사, 부사 찾기 2

2.4.1. 동사

1. 빈칸에 제일 알맞은 것을 고르십시오.

수요일은 제 생일입니다. 친구들을 집으로 (　).

① 전화할 것입니다
② 공부할 것입니다
③ 쇼핑할 것입니다
④ 초대할 것입니다

2.4. Finding the appropriate verb, adjective, adverb 2

2.4.1. Verb

1. Fill in the blank.

Wednesday was my birthday. I (　) my friends to my home.

① will call　　　② will study
③ will shopping　　　④ will invite

2.4.2. 형용사

1. 빈칸에 제일 알맞은 것을 고르십시오.

2.4.2. Adjective

1. Fill in the blank.

꽃이 피었습니다. 그래서 공원이 매우 (   ).

① 높습니다　　　　② 바쁩니다
③ 넓습니다　　　　④ 아름답습니다

The park was so (   ) when the flowers bloomed.

① high　　② busy　　③ Wide　　④ beautiful

2.4.3. 부사

1. 빈칸에 제일 알맞은 것을 고르십시오.

저는 영어를 배운 적이 없습니다. 그래서 영어를 (   ) 못 합니다.

① 아직　　② 벌써　　③ 우선　　④ 전혀

2.4.3.Adverb

1. Fill in the blank.

I never learned English, so I can't speak English (   ).

① still / yet　　　　② already
③ first of ll　　　　④ at all

연습문제

1. 빈칸에 제일 알맞은 것을 고르십시오.

퇴근 시간입니다. 그래서 차가 (   ).

① 걸립니다　　　　② 모입니다
③ 가집니다　　　　④ 막힙니다

Exercise

1. Fill in the blank.

It is the end of the work day, so there is (   ) in the roads.

① taking　　　　② a gathering
③ having　　　　④ a traffic jam

2. 빈칸에 제일 알맞은 것을 고르십시오.

베트남에 갔습니다. 친구를 (   ).

① 만났습니다　　　　② 읽었습니다
③ 일했습니다　　　　④ 전했습니다

2. Fill in the blank.

I went to Vietnam and (   ) my friends there.

① met　　② read　　③ worked　　④ passed

3. 빈칸에 제일 알맞은 것을 고르십시오.

서울역으로 갔습니다. 부산으로 가는 기차를 (   ).

① 샀습니다　　　　② 탔습니다
③ 내렸습니다　　　　④ 잃어버렸습니다

3. Fill in the blank.

I went to a Seoul station and (   ) the train to Busan.

① bought　　② took　　③ took off　　④ lost

4. 빈칸에 제일 알맞은 것을 고르십시오.

학교 근처에 병원이 있습니다. 학교에서 (   ).

① 편합니다　　　　② 어둡습니다
③ 깨끗합니다　　　　④ 가깝습니다

4. Fill in the blank.

There is a hospital (   ) to a school.

① easy　　② dark　　③ clean　　④ close

5. 빈칸에 제일 알맞은 것을 고르십시오.	**5. Fill in the blank.**

5. 빈칸에 제일 알맞은 것을 고르십시오.

이제부터 여름입니다. 날씨가 많이 ( ).

① 깁니다   ② 낮습니다
③ 덥습니다   ④ 어둡습니다

5. Fill in the blank.

It is summer now. The weather is quite ( ).

① long   ② low   ③ hot   ④ dark

---

6. 빈칸에 제일 알맞은 것을 고르십시오.

자동차를 사고 싶습니다. 그래서 돈을 ( ).

① 줍니다   ② 씁니다
③ 고릅니다   ④ 모읍니다

6. Fill in the blank.

I want to buy a car, so I will ( ) money.

① give   ② spend
③ choose   ④ save

---

7. 빈칸에 제일 알맞은 것을 고르십시오.

어제 눈이 많이 왔습니다. 바깥이 모두 ( ).

① 바쁩니다   ② 하얗습니다
③ 두껍습니다   ④ 조심합니다

7. Fill in the blank.

We had a lot of snow yesterday. It made everything outside look ( ).

① busy   ② white   ③ thick   ④ careful

---

8. 빈칸에 제일 알맞은 것을 고르십시오.

날씨가 좋았습니다. 그런데 ( ) 비가 왔습니다.

① 먼저   ② 벌써   ③ 별로   ④ 갑자기

8. Fill in the blank.

The weather was nice but ( ) it rained.

① first   ② already
③ not much   ④ suddenly

---

9. 빈칸에 제일 알맞은 것을 고르십시오.

중앙빌딩은 높습니다. 하지만 다른 빌딩은 ( ).

① 듣습니다   ② 나쁩니다
③ 낮습니다   ④ 맑습니다

9. Fill in the blank.

The central building is high but the other buildings are ( ).

① listen   ② bad   ③ low   ④ sunny

---

10. 빈칸에 제일 알맞은 것을 고르십시오.

부모님께 선물을 보냈습니다. ( ) 도착했으면 좋겠습니다.

① 못   ② 거의   ③ 잘   ④ 가끔

10. Fill in the blank.

I sent a gift to my parents. I hope that it will arrive ( ).

① can't   ② barely   ③ well   ④ sometimes

---

11. 빈칸에 제일 알맞은 것을 고르십시오.

길이 미끄럽습니다. ( ) 오십시오.

① 참   ② 멀리   ③ 직접   ④ 조심히

11. Fill in the blank.

The road is slippery, so come here ( ).

① indeed   ② far   ③ direct   ④ carefully

12. 빈칸에 제일 알맞은 것을 고르십시오.

출퇴근 시간에는 전철에 사람이 많습니다. 하지만 낮에는 ( ) 없습니다.

① 모두   ② 별로   ③ 언제나   ④ 가까이

12. Fill in the blank.

There are many people in the subway during rush hour. But, in the day time there are ( ) people.

① all   ② not as many
③ always   ④ close

3. 40번~42번 세부내용 파악하기 1

1. 다음을 읽고 맞지 않는 것을 고르십시오.

친구와 한국어 시험을 준비하세요!

새 학기 서점 반값 판매 안내

기간 : 3월 3일~3월 15일
한국어 시험 책 50% 할인

한국 서점

① 3월 중에만 할인합니다.
② 매점에서 책을 살 수 있습니다.
③ 한국어 시험 책을 싸게 팝니다.
④ 1권 값으로 2권을 살 수 있습니다.

3. 40~42 Grasping Details1

1. Which of the following is not correct according to the article?

Let's Prepare for your Korean test with your friends!

Announcement : The new semester book is on sale for half price

Sale period : March 3rd ~ March 15th
Korean test book : 50% discount

Hankuk bookstore

① The discount goes on in March.
② The cafeteria sells books.
③ The Korean test books are sold cheaply.
④ Books are "buy one get one free".

연습문제

1. 다음을 읽고 맞지 않는 것을 고르십시오.

국립중앙박물관 관람시간 안내

* 화, 목, 금요일   09:00~18:00
* 수, 토요일   09:00~21:00
* 일요일, 공휴일   09:00~19:00

① 월요일에는 관람을 할 수 없습니다.
② 공휴일에는 7시에 관람이 끝납니다.
③ 점심시간에도 관람을 할 수 있습니다.
④ 주말에는 오후 9시까지 관람할 수 있습니다.

Exercise

1. Which of the following is not correct according to the article?

National Museum Opening Hours

* Tuesday, Thursday & Friday : 09:00~18:00
* Wednesday & Saturday : 09:00~21:00
* Sundays and holidays : 09:00~19:00

① The museum is closed on Monday.
② The museum is closed at 7:00 p.m. on holidays.
③ The museum is open during lunch time.
④ People can visit until 9 p.m. on weekends.

2. 다음을 읽고 맞지 <u>않는</u> 것을 고르십시오.

안산문화센터

내용	사무실 번호	수업 요일
요리	612	화, 수
운동	615	월, 수, 금
영어 말하기	617	금, 토, 일
피아노 수업	620	화, 목

① 요리는 주말에 배울 수 있습니다.
② 운동은 일주일에 세 번 수업이 있습니다.
③ 영어 말하기는 주말에도 배울 수 있습니다.
④ 운동과 피아노 수업은 같은 날에 하지 않습니다.

2. Which of the following is not correct according to the article?

Ansan Culture Center

Contents	Office number	Lesson day of the week
Cooking	612	Tue, Wed
Exercise	615	Mon, Wed, & Fri
English speaking Lesson	617	Fri, Sat , & Sun
Piano Lesson	620	Tues &Thurs

① There are cooking lessons on weekends.
② There is an exercise lesson three times a week.
③ There are English speaking lessons on weekends.
④ Exercise and piano lessons don't run on the same day.

3. 다음을 읽고 맞지 <u>않는</u> 것을 고르십시오.

서울–제주도 비행기 요금표

	월	화	수	목	금	토, 일
요금	98,100원	74,100원	58,100원	74,100원	98,100원	123,100원

* 한 달 전에 예약하시면 10% 할인됩니다.

① 주말 요금이 제일 비쌉니다.
② 화요일과 목요일은 요금이 같습니다.
③ 월요일 요금은 주말 요금보다 쌉니다.
④ 일주일 전에 예약하면 할인을 받을 수 있습니다.

3. Which of the following is not correct according to the article?

The price of Seoul-Jeju plane tickets

	Mon	Tues	Wed	Thur	Fri	Sat & Sun
Price	98,100 ₩	74,100 ₩	58,100 ₩	74,100 ₩	98,100 ₩	123,100 ₩

*10% discount for reservations made one month in advance.

① The fare on weekend is the most expensive.
② The fare on Tuesday and Thursday are the same.
③ The fare on Monday is cheaper than the fare on weekends.
④ If you reserve a ticket one week in advance, you can get a discount.

4. 다음을 읽고 맞지 <u>않는</u> 것을 고르십시오.

세탁해 드립니다!

*세탁 요금

셔츠 : 2,000원　　바지 : 3,000원
정장 : 5,000원　　코트 : 10,000원

*시간 : 월 ~ 토 / 9:00 ~ 18:00 (일요일은 휴일)

4. Which of the following is not correct according to the article?

Dry Cleaning Fees

Shirts : 2,000 won　Pants : 3,000 won
Suits : 5,000 won　Coats : 10,000 won

* Time : Mon ~ Sat / 9:00 - 18:00 p.m. (Closed

① 한국세탁소는 주말에 쉽니다.
② 바지 세탁요금은 삼천 원입니다.
③ 세탁소는 오전 아홉 시에 시작합니다.
④ 여러 벌 세탁하면 더 싸게 할 수 있습니다.

on Sunday)
*More than two articles of clothing receive a discount on dry cleaning.
Hankuk Dry Cleaning 822) 123-1004

① Hankuk Dry Cleaning is closed on weekends.
② The dry cleaning fee for pants is three thousand won.
③ The dry cleaning shop opens at nine in the morning.
④ If you have several articles of clothing dry cleaned, you receive a discount.

---

5. 다음을 읽고 맞지 <u>않는</u> 것을 고르십시오.

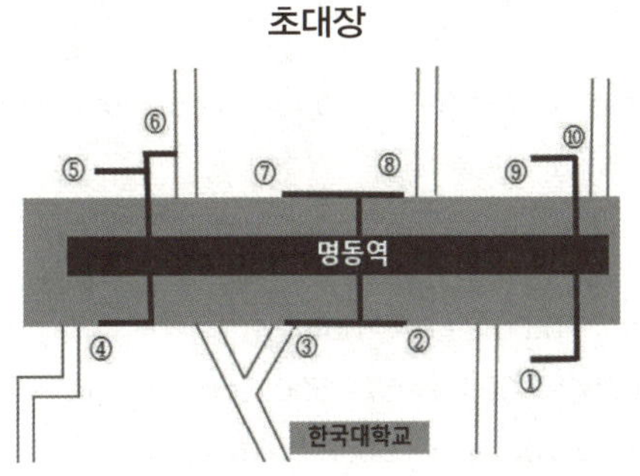

명동 역 2번 출구
버스정류장 근처

그림 전시회에 여러분을 초대합니다.
아름다운 그림을 보러 오세요.

날짜 : 4월 8일(토) ~ 9일(일)
시간 : 오전 10:00 ~ 오후 5:00
장소 : 한국대학교 학생회관(2층)

① 명동역에서 가깝습니다.
② 학생회관은 학교 안에 있습니다.
③ 주말 동안 그림 전시회를 합니다.
④ 대학생들이 그림을 그리러 한국대학교에 갑니다.

5. Which of the following is not correct according to the article?

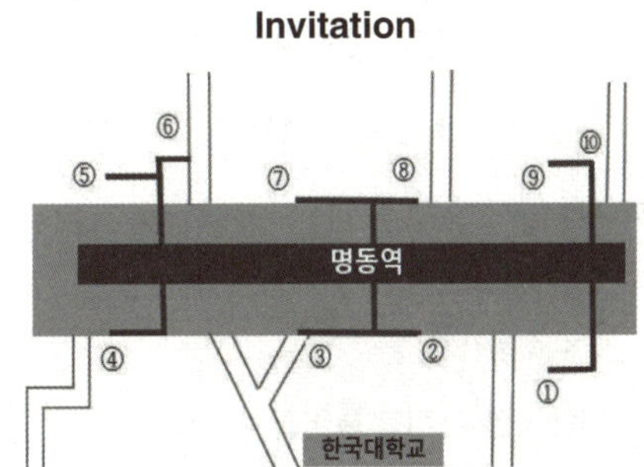

Myeongdong Station, Exit 2
Near a bus stop

We would like to invite you to attend the painting exhibition
Come see the beautiful pictures.

Date : Saturday, April 8th - Sunday, April 9th
Time : 10:00 a.m.~ 5:00 p.m.
Location : Hankuk University Student Union Building (2nd floor)

① It is close to Myeongdong.
② There is a Student Union within the school.
③ There is a painting exhibition during a weekend in April.
④ he university students go to Hankuk University to paint pictures.

6. 다음을 읽고 맞지 <u>않는</u> 것을 고르십시오.

오늘의 할 일	
9시	청소
10시	빨래
11시	은행
12시	지은씨와 약속(신촌역)
15시	시험공부

① 은행에 갈 겁니다.

② 시험을 볼 겁니다.

③ 지은 씨를 만날 겁니다.

④ 청소한 후에 빨래를 할 겁니다

6. Which of the following is not correct according to the article?

Things to do today	
9:00	Cleaning
10:00	Laundry
11:00	Bank
12:00	Meeting with Jieun. at the (Shinchon) station.
15:00	Study for my test

① She will go to the bank.

② She will take a test today.

③ She will meet Jieun.

④ After the cleaning, she will do the laundry.

7. 다음을 읽고 맞지 <u>않는</u> 것을 고르십시오.

옛날 지도 전시회

시간 : 오전 10시 ~ 오후 5시

입장권 : 3,000원 (*학생 1,000원)

안내 : 12시, 2시, 4시

*주의 : 카메라를 가지고 들어갈 수 없습니다.

① 대학생은 3000원입니다.

② 사진을 찍으면 안 됩니다.

③ 하루에 세 번 안내해 줍니다.

④ 전시회는 10시에 문을 엽니다.

7. Which of the following is not correct according to the article?

Old Map Exhibition

Time : 10:00 a.m.~5:00 p.m.

Tickets : 3,000 won (1,000 won for Students)

Guided Tours : 12:00, 2:00, & 4:00

* Note : Cameras are forbidden.

① University students must pay 3,000 won.

② You cannot take pictures.

③ There are guided tours three times a day.

④ The exhibition starts at 10: 00 a.m.

8. 다음을 읽고 맞지 <u>않는</u> 것을 고르십시오.

7월						
일	월	화	수	목	금	토
		1	2	3 시험	4〈오늘〉 방학	5 운동
6	7 제주도	8 제주도	9 제주도	10	11	12 운동

① 오늘부터 방학입니다.

② 어제 시험을 봤습니다.

③ 3일 동안 제주도를 여행합니다.

④ 주말인 이틀 동안 운동을 할 것입니다.

8. Which of the following is not correct according to the article?

July						
Sun	Mon	Tues	Wed	Thur	Fri	Sat
		1	2	3 A test	4<Today> vacation	5 Exercise
6	7 Jeju Island	8 Jeju Island	9 Jeju Island	10	11	12 Exercise

① My vacation starts today.

② I had a test yesterday.

③ I will travel to Jeju Island for three days.

4. 43번~45번 (서술문) 세부내용 파악하기2

4.1. 다른 표현으로 설명한' 세부내용 파악하기

1. 다음의 내용과 같은 것을 고르십시오.

봄이 왔습니다. 그래서 어제 꽃을 샀습니다. 꽃을 보고 있으니까 기분이 좋습니다.

① 꽃이 피면 봄이 옵니다.
② 날씨가 따뜻해서 기분이 좋습니다.
③ 저는 봄이 올 때마다 꽃을 삽니다.
④ 봄에 볼 수 있는 꽃을 보니까 즐겁습니다.

---

2. 다음의 내용과 같은 것을 고르십시오.

서울의 지하철은 복잡하지만 편리합니다. 한국 사람들은 회사나 학교에 갈 때 지하철을 많이 이용합니다. 우리나라도 지하철이 생겼으면 좋겠습니다.

① 우리나라도 지하철이 있습니다.
② 학생들은 지하철을 타지 않습니다.
③ 서울의 지하철은 사람들이 별로 없습니다.
④ 한국 사람들은 출근할 때 지하철을 탑니다.

4.2. '시간의 전후/원인과 결과'를 알려주는 세부내용 파악하기

1. 다음의 내용과 같은 것을 고르십시오.

오늘 아침에 날씨가 좋았습니다. 그런데 갑자기 오후에 비가 많이 왔습니다. 우산이 없어서 걱정을 했는데 남편이 회사에 데리러 왔습니다.

① 아침에는 비가 오지 않았습니다.
② 저는 자주 우산을 잃어버립니다.
③ 저는 남편과 같은 회사에서 일합니다.
④ 오늘 남편이 제 우산을 찾아 주었습니다.

4. 43~45 Grasping details 2

4.1. Grasping details through the alternate expression.

1. Choose the same option of this passage.

It is springtime, so I bought flowers yesterday. I am happy to look at the flowers.

① If the flowers bloom, then spring comes.
② I am happy because the weather is warm.
③ When the spring comes, I always buy flowers.
④ I am happy because I can see the flowers which blossom in spring time.

---

2. Choose the same option of this passage.

The Seoul Subway System is crowded but convenient. When people go to work or school, they often ride the subway. I wish that our country had a subway system, too.

① There is a subway in our country.
② Students don't ride the subway.
③ There are not many people in the Seoul subway.
④ Many Korean people go to work by subway.

4.2. Grasping details through the passage of time/ cause and result sentence.

1. Choose the same option of this passage.

This morning, the weather was nice. But suddenly, it started to rain a lot in the afternoon. I was worried that I didn't have an umbrella, but my husband came to pick me up from work with his umbrella.

① It was not raining in the morning.
② I often lose my umbrella.
③ I and my husband work in the same company.
④ Today, my husband found my umbrella.

2. 다음의 내용과 같은 것을 고르십시오.

아침에 운동을 하다가 팔을 다쳤습니다. 처음에는 아프지 않았는데 오후가 되니까 많이 아픕니다. 그래서 저녁에 병원에 가보려고 합니다.

① 밤에 팔이 많이 아팠습니다.
② 병원은 저녁에만 갈 수 있습니다.
③ 다친 팔 때문에 병원에 갈 것입니다.
④ 저는 아침에 운동을 하면 늘 팔을 다칩니다.

2. Choose the same option of this passage.

I got hurt this morning during my exercise. At first it was not very painful, but in the afternoon it started to hurt a lot. I've decided to go to the hospital this evening.

① My arm was badly hurt last night.
② The hospital is only open at night.
③ I am going to go the hospital because I was injured my arm during my exercise.
④ I am most likely to get injured my arm when I exercise in the morning.

*'–(으)려고 하다' which expresses the subject's intention, and it is possible to switch '–(으)ㄹ 것이다'

연습문제

1. 다음의 내용과 같은 것을 고르십시오.

저는 농구를 좋아해서 주말마다 친구들과 농구를 합니다. 저는 농구를 보는 것도 좋아합니다. 다음 주말에는 친구들과 농구를 보러 가려고 합니다.

① 저는 농구만 좋아합니다.
② 주말마다 농구를 보러 갑니다.
③ 혼자 농구하는 것을 좋아합니다.
④ 다음 주에 농구를 보러 갈 것입니다.

Exercise

1. Choose the same option of this passage.

I like playing basketball, so every weekend I play with my friends. I also like watching basketball games, so next week I'll go to a basketball game with my friends.

① I only like basketball.
② I watch a basketball game every weekend.
③ I like playing basketball alone.
④ I will go to a basketball game next weekend.

---

2. 다음의 내용과 같은 것을 고르십시오.

영화 표가 2장 생겨서 친구에게 전화를 했습니다. 영화를 보고 같이 밥을 먹기로 했습니다. 친구가 밥을 사기로 했습니다.

① 저는 영화 표를 샀습니다.
② 저는 친구에게 밥을 살 것입니다.
③ 저는 친구와 밥을 먹을 것입니다.
④ 친구에게 공짜 영화 표가 생겼습니다.

2. Choose the same option of this passage.

I made plans to go to a movie with my friend because I received two free movie tickets. In exchange, my friend said that he will pay for dinner.

① I bought movie tickets.
② I will buy dinner for my friend.
③ I will eat dinner with my friend.
④ My friend got us free movie tickets.

3. 다음의 내용과 같은 것을 고르십시오.

  내일 친구들과 놀이공원에 갈 것입니다. 놀이공원에 가려면 지하철을 타고 버스로 갈아타야 합니다. 9시에 지하철역에서 만나기로 했습니다.

① 놀이공원에 가 봤습니다.
② 약속 장소는 지하철역입니다.
③ 놀이공원 근처에 지하철역이 있습니다.
④ 놀이공원까지 버스로 한 번에 갈 수 있습니다.

3. Choose the same option of this passage.

  My friends and I are going to go an amusement park tomorrow. To get there we have to ride the subway and transfer to the bus, so we agreed to meet at 9:00 am at the subway station.

① I have been to the amusement park.
② The meeting place is at the subway station.
③ There is a subway station near the amusement park.
④ We can go amusement park directly by bus.

---

4. 다음의 내용과 같은 것을 고르십시오.

  어제 가족들과 수영장에 갔습니다. 수영복으로 갈아입고 준비운동을 했습니다. 1시간쯤 수영을 하고 10분 쉬었습니다.

① 날마다 수영장에 갑니다.
② 쉬지 않고 수영을 했습니다.
③ 수영복을 입고 준비 운동을 했습니다.
④ 준비 운동을 하러 수영장에 갔습니다.

4. Choose the same option of this passage.

  Yesterday I went with my family to the swimming pool. I put on my swimsuit, did a warm-up, swam for nearly an hour, and rested for ten minutes.

① I go to the pool every day.
② I went swimming without a break.
③ I put on my swimsuit and then I did a warm-up.
④ I went to the pool for a warm-up.

---

5. 다음의 내용과 같은 것을 고르십시오.

  저는 기차를 타고 부산에 가려고 했습니다. 1시에 기차가 떠나는데 기차역에 5분 늦게 도착했습니다. 기차가 출발해서 탈 수 없었습니다.

① 기차역에 1시에 갔습니다.
② 늦어서 기차를 못 탔습니다.
③ 기차가 5분 빨리 출발했습니다.
④ 저는 기차를 타고 부산에 갔습니다.

5. Choose the same option of this passage.

  I planned to take the train to Busan departing at 1 p.m. But, I arrived five minutes late, the train left without me, so I couldn't take it.

① I arrived at the train station at 1 p.m.
② I couldn't ride the train because I was late.
③ The train left 5 minutes earlier.
④ I went to Busan by train.

---

6. 다음의 내용과 같은 것을 고르십시오.

  저는 지하철보다 버스를 좋아합니다. 버스는 창밖을 구경할 수 있기 때문입니다. 버스를 타면 먼 곳으로 가도 심심하지 않습니다.

① 버스는 먼 곳을 갑니다.
② 지하철은 창문이 없습니다.
③ 버스는 창밖을 볼 수 있어서 좋습니다.
④ 저는 가까운 곳은 지하철을 이용합니다.

6. Choose the same option of this passage.

  I like the bus more than the subway because I can see the view through the window. When I ride the bus, I am not bored no matter how far I am going.

① The bus only travels for long distances.
② Subways don't have windows.
③ I like to ride the bus because I can look out the window.
④ I usually ride the subway when I go a short distance.

7. 다음의 내용과 같은 것을 고르십시오.

이번 휴가에 친구들과 유럽으로 여행을 가려고 합니다. 우리는 유럽에 가 본 적이 없습니다. 여행 책과 인터넷을 보면서 여행 계획을 세우고 있습니다.

① 우리는 여행을 갈 것입니다.
② 친구는 유럽에 가 봤습니다.
③ 휴가 때 유럽에 다녀왔습니다.
④ 여행을 안내해주는 곳에 갔습니다.

7. Choose the same option of this passage.

My friends and I will take a trip to Europe during our vacation. We've never gone to Europe before, so we are planning our trip using books and the Internet.

① We will travel together.
② My friend has been to Europe.
③ I've been to Europe for the vaction.
④ I went to a tourist information center.

8. 다음의 내용과 같은 것을 고르십시오.

감기에 걸리면 과일과 뜨거운 차를 자주 먹어야 합니다. 또 목을 따뜻하게 하고 잠을 많이 자는 것이 좋습니다. 추운 날 옷을 얇게 입거나 여름에 에어컨을 오래 쓰는 것은 좋지 않습니다.

① 저는 감기에 자주 걸립니다.
② 잠을 잘 자면 감기에 걸리지 않습니다.
③ 겨울에 얇은 옷을 입으면 감기에 안 좋습니다.
④ 여름에 감기에 걸리면 음식을 많이 먹어야 합니다.

8. Choose the same option of this passage.

If you get a cold, eat fruits, drink a lot of hot tea, keep your neck warm, and sleep more. You also shouldn't wear thin clothes on cold days or keep your air conditioner on for very long in the summer.

① I catch a colds easily.
② If you sleep well, you will never have a cold.
③ It's not a good idea to wear thin clothes in the winter.
④ If you catch a cold in the summer, you should eat a lot of food.

9. 다음의 내용과 같은 것을 고르십시오.

집 근처에 큰 채소 가게가 생겼습니다. 종류도 많고 가격도 싸서 자주 이용합니다. 또 3만원이 넘으면 배달도 해주기 때문에 아주 편합니다.

① 배달은 오후에 해줍니다.
② 채소는 삼 만원이 넘습니다.
③ 채소 값이 비싸서 자주 가지 못합니다.
④ 저는 새로 생긴 채소 가게가 마음에 듭니다.

9. Choose the same option of this passage.

A large, new grocery store opened near my house. I often go there because there are a variety of cheap vegetables. In addition, they deliver orders that cost more than 30,000 won, which is very convenient.

① They deliver in the afternoon.
② The vegetables are over thirty thousand won.
③ The vegetables are so expensive I can't go there often.
④ I like the new grocery store.

10. 다음의 내용과 같은 것을 고르십시오.

도서관에서는 한 달에 한 번 유명한 영화를 보여줍니다. 저는 영화를 좋아하기 때문에 자주 보러 갑니다. 다음 달에는 어머니와 함께 가기로 했습니다.

① 저는 영화를 보러 극장에 갑니다.
② 어머니는 영화를 좋아하시지 않습니다.
③ 저는 어머니와 영화를 보러 갈 것입니다.
④ 도서관에서는 언제나 영화를 볼 수 있습니다.

10. Choose the same option of this passage.

The library shows famous films once a month. I often go there because I like movies. Next month, I am going to go there with my mother.

① I will go to the theater to see a movie .
② My mother doesn't like movies .
③ I will go to watch a movie with my mother.
④ The library shows movies every day.

11. 다음의 내용과 같은 것을 고르십시오.

친구와 남대문 시장에 가기로 했습니다. 저는 옷을 사고 친구는 가방을 사려고 합니다. 가격이 비싸지 않았으면 좋겠습니다.

① 친구와 쇼핑을 갑니다.
② 남대문 시장은 옷 값이 비쌉니다.
③ 저와 친구는 가방만 살 것입니다.
④ 옷과 가방이 비싸지 않으면 살 것입니다.

11. Choose the same option of this passage.

I will go to Namdaemun Market with my friend. I want to buy clothes and my friend wants to buy a bag. I hope the prices are not very expensive.

① I will go shopping with my friend.
② The clothes are expensive in Namdaemun Market.
③ My friend and I will only buy a bag .
④ If the clothes are not expensive, we will buy them.

5. 46번~48번 중심 생각 파악하기

5.1. 시간/상황으로 중심 생각 파악하기

1. 다음을 읽고 중심 생각을 고르십시오.

저는 아직 자전거를 타지 못 합니다. 그런데 학교 근처에 무료로 자전거를 빌려주는 곳이 생겼습니다. 또 거기서 자전거도 가르쳐 줍니다. 그래서 친구와 자전거 교실에 접수하려고 합니다.

① 저는 자전거를 잘 탑니다.
② 저는 자전거를 배울 것입니다.
③ 저는 무료로 자전거를 구했습니다.
④ 저는 학교에서 자전거를 배웁니다.

5. 46~48 Grasping the Main Topic

5.1. Grasping main topic through the time/the situation.

1. What is the main topic of the passage?

I can't ride a bicycle yet, but a free bicycle rental shop is opening near my school that has bike riding lessons. I will sign up for the class with my friend.

① I can ride a bicycle well.
② I will learn how to ride a bicycle.
③ I got a bicycle for free.
④ I learn to ride a bicycle at my school.

Key words : 자전거 A bicycle,
빌려주는 곳 a rental shop, 타다 to ride/take
Related terms : 자전거를 못 탑니다. 'I can't ride a bicycle,"
자전거를 빌려줍니다. "rent a bicycle,"
자전거 교실에 접수합니다. "sign-up for a bicycle class."

5.2. 원인/결과로 중심 생각 파악하기

1. 다음을 읽고 중심 생각을 고르십시오.

> 주희 씨에게 생일초대를 받았습니다. 그래서 케이크
> 를 만들었습니다. 주희 씨에게 케이크를 줄 겁니다.

① 오늘은 주희 씨 생일입니다.
② 저는 오늘 주희 씨 집에 갑니다.
③ 주희 씨가 생일케이크를 만들었습니다.
④ 저는 주희 씨 선물로 케이크를 준비했습니다.

---

2. 다음을 읽고 중심 생각을 고르십시오.

> 저는 길을 잘 기억하지 못해서 자주 가는 곳을 가도
> 길을 잘 잃어버립니다. 그런데 이제는 휴대폰으로 지
> 도를 볼 수 있어서 길을 잘 찾을 수 있습니다. 이제 저
> 는 나가기 전에 휴대폰으로 먼저 지도를 봅니다.

① 길을 자주 잃어버리면 힘듭니다.
② 저는 이제 길을 잃어버려도 찾을 수 있습니다.
③ 휴대폰으로 지도를 보는 것은 정말 어렵습니다.
④ 처음 가는 곳은 가족에게 전화해서 길을 물어봅니다.

5.3. 부연 설명으로 중심 생각 파악하기

1. 다음을 읽고 중심 생각을 고르십시오.

> 어제 오후 친구와 시내에 갔습니다. 그곳에서 저는 옷
> 과 가방, 화장품과 신발을 샀습니다. 그런데 돈을 너
> 무 많이 써서 걱정이 됩니다. 이제부터는 쇼핑할 때
> 돈을 많이 쓰지 않으려고 합니다.

① 세일해서 쇼핑하러 갔습니다.
② 쇼핑은 언제나 친구와 합니다.
③ 저는 옷과 가방, 화장품과 신발을 많이 삽니다.

5.2. Grasping main topic through the cause and result sentence.

1. What is the main topic of the passage?

> I was invited to Jeu-hee's birthday party, so I
> made a cake for her. I will give it to her.

① Today is Jeu-hee's birthday.
② I'll go to Jeu-hee's house.
③ Ju-hee made her own birthday cake.
④ I prepared a cake as a gift for Jeu-hee.

---

2. What is the main topic of the passage?

> Sometimes I get lost even in familiar places
> because I don't remember the streets. But now
> I can look up directions on my phone to help
> me find my way. Now, I can find directions on
> my telephone before I go out.

① If someone gets lost frequently, it can be frustrating.
② Now, when I get lost, I can find my way.
③ It is very difficult to read a map on a mobile phone.
④ I call my family for help when I go strange place.

Keywords : 길 streets, 지도 map, 휴대폰 a mobile phone
Related terms : 휴대폰으로 길을 찾다 to look up a map
on the phone,
길을 찾다 to find directions,
길을 잃다 "to get lost"

5.3. Grasping main topic through the additional explanation.

1. What is the main topic of the passage?

> Yesterday, I went downtown with my friend. I
> bought some clothes, a bag, cosmetics, and
> shoes. I am worried that I spent too much
> money. From now on, when I go shopping, I
> won't spend a lot of money.

① I went shopping because of a sale.

④ 앞으로 물건을 살 때 돈을 적게 쓰려고 합니다.

② I always go shopping with my friend.

③ I always buy a lot of clothes, bags, cosmetics and shoes.

④ The next time I go shopping, I won't spend much money.

Keywords : 쇼핑 shopping,

Related terms :

돈을 많이 쓰다 spend a lot of money,

돈을 많이 쓰지 않으려고 하다 try not to spend much money.

---

2. 다음을 읽고 중심 생각을 고르십시오.

저는 혼자 여행을 자주 합니다. 혼자 생각할 시간도 있고, 새로운 사람들을 만날 수도 있습니다. 다음에 혼자 부산에 여행을 갈 것입니다.

① 저는 부산을 좋아합니다.
② 저는 혼자 생각하는 것을 좋아합니다.
③ 저는 혼자 여행하는 것을 좋아합니다.
④ 저는 사람들을 만나는 것을 좋아합니다

2. What is the main topic of the passage?

I often travel alone because I can have time to think, and meet new people. On my next trip, I will go to Busan alone, too.

① I like Busan.
② I like to think alone.
③ I like to travel alone.
④ I like meeting people.

Keywords : 여행 travel

Related terms :

누구와 갈까? Who will go?

언제 갈까? When will I go?

왜 여행을 할까? Why are we going to travel?

연습문제

1. 다음을 읽고 중심 생각을 고르십시오.

새해의 첫 주말입니다. 저는 일찍 일어나서 집 앞 공원을 1시간쯤 뛰었습니다. 이제부터 매주 주말마다 공원을 1시간쯤 뛰려고 합니다.

① 저는 공원에서 운동을 합니다.
② 새해부터 운동을 할 것입니다.
③ 주말에는 운동을 해야 합니다.
④ 저는 1시간씩 뛰는 것을 좋아합니다.

Exercise

1. What is the main topic of the passage?

It's the first weekend of the New Year. I got up early and ran for almost an hour in the park near my house. From now on, I will run for one hour every weekend.

① I exercise in the park.
② I plan to exercise every weekend from the New Year.
③ I have to exercise on the weekends.
④ I like to run for one hour.

2. 다음을 읽고 중심 생각을 고르십시오.

저희 회사 앞 식당은 평일에 점심을 싸고 맛있게 먹을 수 있습니다. 그런데 늘 사람들이 많아서 빨리 가야 합니다. 그래서 식당에 일찍 가서 식사를 할 수 있었으면 좋겠습니다.

① 언제나 점심을 빨리 먹어야 합니다.
② 평일과 주말 모두 싸게 식사를 할 수 있습니다.
③ 값이 싼 식당을 이용하고 싶습니다.
④ 값이 싼 회사 앞 식당을 이용하고 싶습니다.

2. What is the main topic of the passage?

The restaurant near my company is cheap and delicious during the week. But there are usually so many people there, so I have to hurry. I wish I could go there earlier to eat my meal.

① Usually, I have to eat my lunch quickly.
② On both weekdays and weekends you can eat cheaply at this restaurant.
③ I want to eat at a cheap restaurant.
④ I want to eat a cheap restaurant in front of my company.

3. 다음을 읽고 중심 생각을 고르십시오.

지난 주말에 친구를 만나려고 시내에 갔습니다. 일찍 도착해서 가까운 서점에서 새로 나온 책을 읽으면서 친구를 기다렸습니다. 책을 읽으면서 기다리면 심심하지 않아서 좋습니다.

① 친구를 서점에서 만날 겁니다.
② 가까운 곳에 서점이 많습니다.
③ 친구에게 새로 나온 책을 주었습니다.
④ 저는 기다릴 때 책을 읽는 것을 좋아합니다.

3. What is the main topic of the passage?

Last weekend I went downtown to meet my friend. I arrived a little early, so I read new books while I waited. I enjoy reading while I wait for people because it helps the time pass quickly.

① I will meet my friend at the bookstore.
② There are many bookstores near here.
③ I gave a new book to my friend.
④ I like reading books while I wait.

4. 다음을 읽고 중심 생각을 고르십시오.

저는 세계 여행을 하고 싶습니다. 세계의 여러 나라 사람들을 만나 봤으면 좋겠습니다. 그래서 요즘 열심히 일을 하고 돈도 모으고 있습니다.

① 저는 세계여행을 해 봤습니다.
② 저는 다른 나라 친구들이 많습니다.
③ 세계 여행을 하려고 돈을 벌고 있습니다.
④ 저는 여행을 한 후 아르바이트를 합니다.

4. What is the main topic of the passage?

I want to travel around the world and meet people from many countries, so I work hard and save money in these days.

① I've been traveling around the world.
② I have many friends from other countries.
③ I save money to travel around the world.
④ I work at part-time job after I travel.

5. 다음을 읽고 중심 생각을 고르십시오.

제 친구를 요리를 잘 못했습니다. 그래서 6개월 동안 요리 학원에서 열심히 요리를 배웠습니다. 요리를 배운 후부터 제 친구는 맛있는 요리를 만들 수 있게 되었습니다.

① 저도 요리를 배우고 싶습니다.
② 친구는 이제 요리를 잘 합니다.
③ 저와 제 친구는 요리 학원에 다녔습니다.
④ 저와 제 친구는 식당에서 맛있는 요리를 먹었습니다.

5. What is the main topic of the passage?

My friend was not good at cooking, so she learned to cook at cooking school for 6 months. After the cooking course, she became to make delicious dishes.

① I want to learn how to cook.
② Now, my friend is a good cook.
③ My friend I used to go to cooking school.
④ My friend and I ate delicious food at the restaurant.

6. 다음을 읽고 중심 생각을 고르십시오.

저는 K-pop을 정말 좋아합니다. 다음 달에 K-pop 콘서트가 있습니다. 저는 그 콘서트에 꼭 가 보고 싶습니다.

① 저는 콘서트에 항상 갑니다.
② 저는 모든 음악을 다 좋아합니다.
③ 저는 K-pop 콘서트에 가 봤습니다.
④ 저는 K-pop 콘서트에 갔으면 좋겠습니다.

6. What is the main topic of the passage?

I love K-pop very much. There is a K-pop concert next month that I really want to go to.

① I always go to concerts.
② I like all kinds of music.
③ I have watched K-pop concert.
④ I hope that I can go to this K-pop concert.

7. 다음을 읽고 중심 생각을 고르십시오.

제가 사는 인도네시아에는 눈이 온 적이 없어서 한국에 와서 눈을 보고 많이 놀랐습니다. 하얀 눈이 나무에 쌓이면 무척 아름답습니다.

① 눈은 오면서 쌓입니다.
② 저는 겨울을 좋아합니다.
③ 저는 눈이 오는 것이 좋습니다.
④ 인도네시아는 여름에 눈이 오지 않습니다.

7. What is the main topic of the passage?

When I came to Korea, I was excited to experience snow because it doesn't snow in my homeland of Indonesia. When the white snow piled up on the trees, it was so beautiful.

① As the snow falls, it piles up.
② I like the winter.
③ I like snow.
④ Indonesia doesn't have snow in the summer.

8. 다음을 읽고 중심 생각을 고르십시오.

저는 새해 달력을 받으면 항상 가족과 친구들의 생일을 적습니다. 이렇게 생일을 써 놓으면 잊어버리지 않기 때문입니다. 또 미리 선물도 준비할 수 있어서 좋습니다.

① 달력에 생일을 쓰면 기억하기 쉽습니다.
② 저는 달력에 선물할 사람을 적어 놓습니다.
③ 저는 사람들에게 새해 선물로 달력을 선물합니다.

8. What is the main topic of the passage?

When I get a new calendar, I always write my family and friends' birthdays in it. If I make note of their birthday, I won't forget about it and I can prepare a gift in advance.

① If you write down a birthday on a calendar, it helps you to easily remember it.
② I write down the names of people I should give

④ 저는 사람들의 생일을 자주 잊어버립니다.

presents to.

③ I give calendars to my friends and family as a new year's gift.

④ I usually forget people's birthdays.

---

9. 다음을 읽고 중심 생각을 고르십시오.

아버지는 요즘 어머니와 자주 산책을 가십니다. 왜냐하면 집 근처에 멋있는 공원이 생겼기 때문입니다. 두 분은 저녁을 드시고 거의 날마다 공원으로 가십니다.

① 집 근처에 공원이 생겼습니다.
② 부모님은 공원 산책을 즐기십니다.
③ 저는 부모님과 저녁 식사를 합니다.
④ 아버지는 식사 전에 운동을 하십니다.

9. What is the main topic of the passage?

My mother and father have been going on many walks recently because there is a nice park near my house. So, when they finish their dinner, they go to the park almost every day.

① A new park is open near my house.
② My parents enjoy a walking in the park.
③ I have dinner with my parents.
④ My father does exercise before his meals.

---

10. 다음을 읽고 중심 생각을 고르십시오.

저는 핸드폰으로 전화도 하지만 사진도 찍고 사전도 사용합니다. 또 인터넷도 쓰고, 교통 정보도 봅니다. 그런데 제 핸드폰이 좀 작아서 큰 것으로 바꿨으면 좋겠습니다.

① 저는 옛날 핸드폰이 더 좋습니다.
② 저는 핸드폰으로 사진만 찍습니다.
③ 저는 핸드폰을 새로 사고 싶습니다.
④ 저는 핸드폰을 잘 사용하지 않습니다.

10. What is the main topic of the passage?

I make phone calls, take pictures, and use a dictionary with my cell phone. I can also use the internet and check traffic information. However, I want to buy a new phone because it is little bit small.

① I like a old cell phone.
② I only use my mobile phone to take pictures.
③ I want to buy new phone.
④ I usually don't use my cell phone.

---

6. 49번~56번 알맞은 어휘 고르기 /같은 내용 고르기

6.1. 알맞은 어휘 고르기 / 1~2. 같은 내용 고르기1

[1~2] 다음을 읽고 물음에 답하십시오.

여러분은 언제 부모님이 보고 싶습니까? 저는 (㉠) 부모님이 보고 싶습니다. 어렸을 때 제가 몸이 아프면 어머니께서 맛있는 음식을 해 주셨습니다. 또, 아버지께서는 약을 사 오셨습니다. 그래서 감기에 걸리거나 배가 아프면 부모님이 생각납니다. 하지만 지금은 부모님을 만날 수 없기 때문에 대신 전화를 합니다. 몸

6. [49~56] Fill in the blank/Choose the same option of this passage.

6.1. Finding the appropriate verbs, adjectives, adverbs 1

[1~2]

When do you miss your parents? (㉠) I miss my parents. When I was young, my mother always made me delicious food and my father bought me medicine if I didn't feel well. Now, I just call my parents when I am sick. Even

이 아파도 부모님의 목소리를 들으면 기분이 좋습니다.

1. (㉠)에 들어갈 알맞은 말을 고르십시오.

① 요리를 할 때
② 날씨가 좋을 때
③ 친구를 만날 때
④ 건강이 안 좋을 때

---

2. 이 글의 내용과 같은 것을 고르십시오.

① 저는 지금 아픕니다.
② 몸이 아프면 부모님 생각이 납니다.
③ 부모님이 보고 싶을 때 전화를 합니다.
④ 부모님과 통화를 하면 아프지 않습니다.

[3~4] 다음을 읽고 물음에 답하십시오.

요즘에는 인터넷에서 책을 (㉠) 인터넷으로 책을 사고 싶으면 우선 책의 제목이나 책을 쓴 사람의 이름으로 책을 찾습니다. 책을 주문하고 나서 배달 받을 주소를 적습니다. 그러면 2~3일 내에 책을 받을 수 있습니다. 서점에 갈 수 없을 때, 밤이나 휴일에도 살 수 있어서 정말 편합니다.

3. (㉠)에 들어갈 알맞은 말을 고르십시오.

① 살 수 있습니다.
② 볼 수 있습니다.
③ 빌릴 수 있습니다.
④ 찾을 수 있습니다.

---

4. 이 글의 내용과 같은 것을 고르십시오.

① 책을 주문하면 다음날 도착합니다.
② 책 제목으로만 책을 찾을 수 있습니다.
③ 받을 사람의 이름만 있으면 주문할 수 있습니다.
④ 인터넷으로 언제든지 책을 주문할 수 있습니다.

though I can't see them, I feel better when I talk to them.

1. Fill in the (㉠).

① When I am cooking,
② When the weather is nice,
③ When I meet friends,
④ When I am sick,

---

2. Choose the same option of this passage.

① I'm sick now.
② When I am sick, I miss my parents.
③ When I miss my parents, I call them.
④ If I make a phone call to my parents, I'm won't be sick.

[3~4]

These days, you (㉠) books on the internet. If you would like to buy books on the internet, first you should find a book by its title or author. After you make your purchase, provide your mailing address and the shipment will be made within 2-3 days. When you are unable to go to the bookstore, this is a very useful way to buy books.

3. Fill in the blank (㉠).

① can buy
② can be seen
③ can borrow
④ can be found

---

4. Choose the same option of this passage.

① If you order books, the next day the book will be delivered.
② You can find books only by their titles.
③ If you only have the receiver's name, you can order the books.
④ You can order books any time online.

[1~2] 다음을 읽고 물음에 답하십시오.

보통 소포는 비행기나 배로 보낼 수 있습니다. 비행기는 배보다 빠르지만 비쌉니다.
그래서 어제 저는 배로 친구 생일 선물을 보냈습니다. 왜냐하면 시간은 오래 걸리지만 (㉠) 때문입니다. 소포가 친구에게 잘 도착했으면 좋겠습니다.

1. (㉠)에 알맞은 말을 고르십시오.

① 더 싸기   ② 더 빠르기
③ 더 편리하기   ④ 더 안전하기

2. 이 글의 내용과 같은 것을 고르십시오.

① 배가 비행기보다 느립니다.
② 소포는 배로만 보내야 합니다.
③ 친구는 선물을 잘 받았습니다.
④ 친구 생일 선물을 비행기로 보냈습니다.

[3~4] 다음을 읽고 물음에 답하십시오.

민호 씨, 내일 시간이 있어요? 내일 제 생일이에요.
(㉠) 내일 생일파티를 할 거예요. 제 생일 파티에 민호 씨를 꼭 초대하고 싶어요. 민호 씨가 꼭 와 주셨으면 좋겠어요.
이 메시지를 보면 연락주세요.

수정

3. (㉠)에 들어갈 알맞은 말을 고르십시오.

① 그리고   ② 그래서
③ 그러나   ④ 그러면

4. 이 글의 내용과 같은 것을 고르십시오.

① 내일은 민호 씨의 생일입니다.
② 민호 씨는 내일 약속이 있습니다.
③ 민호 씨와 수정 씨는 내일 만날겁니다.
④ 수정 씨는 민호 씨의 연락을 기다립니다.

Exercise

[1~2]

We can send a package by airmail or ship, The airmail is faster than ship, but it is more expensive. Yesterday I sent a birthday gift to my friend by ship because it is (㉠). I hope that it arrives alright.

1. Fill in the blank (㉠).

① cheaper   ② faster
③ more convenient   ④ safer

2. Choose the same option of this passage.

① The ship is slower than airmail.
② You can only send the package by the ship.
③ My friend received the package in good condition.
④ I sent a birthday gift to a friend by airmail.

[3~4]

Dear Minho.

Are you free tomorrow? I am going to have a party to celebrate my birthday (㉠) I'd like you to come. I hope you can make it. If you read this message, please call me.

Sujong

3. Fill in the blank (㉠).

① and   ② so   ③ but   ④ then

4. Choose the same option of this passage.

① Tomorrow is Minho's birthday party.
② Minho has an appointment tomorrow.
③ Minho and Sujong are going to meet tomorrow.
④ Sujong looks forward to hearing from Minho.

[5~6] 다음을 읽고 물음에 답하십시오.

처음 한국에 왔을 때 쓰레기를 버리는 방법을 잘 몰라서 실수를 했습니다. 한국에서는 휴지 같은 쓰레기는 '일반 쓰레기통'에 버려야 합니다. 그리고 유리병이나 종이같이 다시 쓸 수 있는 쓰레기는 '재활용 쓰레기통'에 버려야 합니다. 앞으로는 (㉠) 쓰레기는 재활용 쓰레기통에 버리려고 합니다.

5. (㉠)에 들어갈 알맞은 말을 고르십시오.

① 다시 볼 수 있는
② 다시 먹을 수 있는
③ 다시 버릴 수 있는
④ 다시 사용할 수 있는

6. 이 글의 내용과 같은 것을 고르십시오.

① 쓰레기를 잘 나눠 버려야 합니다.
② 휴지와 종이는 같이 버려도 됩니다.
③ 쓰레기를 버릴 때마다 실수를 합니다.
④ 쓰레기를 버리는 방법을 잘 모릅니다.

[7~8] 다음을 읽고 물음에 답하십시오.

저는 친구들과 한국의 식당에서 일합니다. 4년 동안 가족을 만나지 못했기 때문에 많이 보고 싶습니다. 하지만 아직 일이 많아서 고향에 (㉠). 다음 휴가 때는 꼭 고향에 가서 가족도 만나서 고향 음식을 먹으면서 함께 이야기를 나누고 싶습니다.

7. (㉠)에 들어갈 알맞은 말을 고르십시오.

① 갈 까 합니다
② 만났습니다
③ 쉬려고 합니다
④ 갈 수 없습니다

8. 이 글의 내용과 같은 것을 고르십시오.

① 4년 동안의 한국 생활
② 고향에 가고 싶은 마음
③ 가족과 함께한 이야기

[5~6]

When I first came to Korea, I didn't know the proper way to throw out my trash. In Korea, I have to use a standard plastic garbage bag for ordinary trash, such as toilet paper. Recycling bins for recyclable trash, such as bottles and paper. From now on, I am going to throw out my (㉠) trash into the recycling bins.

5. Fill in the blank (㉠).

① reviewing
② eat again
③ throw out again
④ recyclable

6. Choose the same option of this passage.

① I have to separate my trash.
② It is okay to throw away toilet paper and paper in the same bin.
③ I made mistakes every time I throw trash out.
④ I don't know how   to throw away my trash properly.

[7~8]

I am working in a Korean restaurant with my friends. I haven't seen my family for four years, so I miss my family very much. But, still I (㉠) to my hometown, because I have so much work to do. I really want to go home on my next vacation and see my family, eat some traditional food from my hometown, and catch up with family.

7. Fill in the blank (㉠).

① am considering to go
② met
③ going to get some rest at
④ can't go

8. Choose the same option of this passage.

① The 4 years of life in Korea.
② Wish to visit hometown.
③ The story about gathering with family.

④ 한국 식당에서 일했던 경험

④ The story about working experience in Korea.

[9~10] 다음을 읽고 물음에 답하십시오.

봄에는 비가 자주 오지 않습니다. 그렇기 때문에 봄은 다른 계절보다 산불을 조심해야 합니다. 산불은 대부분 산에 놀러간 사람들의 실수로 납니다. 담배를 피우거나 불을 이용해 요리를 하는 일은 (㉠) 위험합니다. 오랜 기간 자란 나무들이 한 번의 산불로 모두 없어집니다. 산불로 없어진 나무들을 다시 처음처럼 자라려면 약 40년에서 100년의 시간이 필요합니다.

[9~10]

It doesn't rain often in the spring, so we have to be the most cautious about forest fires during this season. Most of the fires start by visitors' mistakes. Smoking and cooking with fires are (㉠) dangerous. Trees that have existed for a long time can disappear in a single forest fire. These trees will take 40~100 years to grow back.

9. (㉠)에 들어갈 알맞은 말을 고르십시오.

① 아주　　　② 조금　　　③ 보통　　　④ 자주

9. Fill in the blank (㉠).

① very　　　② little　　　③ Average　　④ often

10. 이 글의 내용과 같은 것을 고르십시오.

① 산불은 도시에서 자주 납니다.
② 나무들이 다 자라는데 40년도 안 걸립니다.
③ 산에서 요리를 할 때는 더 주의를 해야 합니다.
④ 여름과 가을, 겨울에는 산불이 나지 않습니다.

10. Choose the same option of this passage.

① Fires often break out in the city.
② Trees take only 40-100 years to grow and mature.
③ when we cook in the forest. we have to be the more cautious.
④ There are never fires in the summer, fall, or winter.

[11~12] 다음을 읽고 물음에 답하십시오.

나라가 다르면 문화도 다릅니다. 한국은 버스 안에서 전화를 해도 되지만 일본은 버스 안에서 전화를 하면 안 됩니다. 그리고 한국 지하철 안에서는 물을 마셔도 되지만 싱가포르 지하철 안에서는 물을 마시면 안 됩니다. 해외여행을 할 때 다른 문화를 미리 알고 가면 (㉠) 하지 않을 것입니다.

[11~12]

The culture of every country is different. For example, we can use phones on the bus in Korea, but we can't in Japan. And, we can drink water on the subway in Korea, but we can't in Singapore. If you know about the culture of a country you visit, you will make fewer cultural (㉠).

11. (㉠)에 들어갈 알맞은 말을 고르십시오.

① 실수를　　② 추억을　　③ 약속을　　④ 이용을

11. Fill in the blank (㉠).

① mistakes　② memories　③ promises　④ uses

12. 이 글의 내용과 같은 것을 고르십시오.

① 나라마다 문화가 다릅니다.
② 한국의 문화는 특별하지 않습니다.
③ 일본 지하철에서 물을 마시면 안 됩니다.
④ 싱가포르 버스 안에서는 전화를 하면 안 됩니다.

12. Choose the same option of this passage.

① Each country has a different culture.
② Korean culture isn't unique.
③ We can't drink water on the subway in Japan.
④ We shouldn't use cell phones on the bus in Singapore.

많은 사람들이 오랜 시간 동안 컴퓨터와 휴대폰으로 일을 하거나 영화도 보고, 공부도 합니다. 그런데 컴퓨터나 휴대폰을 쓰면 자주 머리를 아래로 하거나 턱을 길게 내밀게 됩니다. 그러나 이런 행동은 목 건강에 좋지 않습니다. (㉠) 자주 목 운동을 하고 50분 정도 일을 한 후 10분간 잠시 쉬는 것이 좋습니다.

13. (㉠)에 들어갈 알맞은 말을 고르십시오.

① 그러면
② 하지만
③ 그렇지만
④ 그렇기 때문에

14. 이 글의 내용과 같은 것을 고르십시오.

① 많은 사람들이 공부할 때 휴대폰을 씁니다.
② 컴퓨터와 휴대폰으로 많은 일을 해야 합니다.
③ 목이 안 좋으면 컴퓨터와 휴대폰을 사용할 수 없습니다.
④ 컴퓨터와 휴대폰을 오래 사용한 후에는 운동을 하는 것이 좋습니다.

[15~16] 다음을 읽고 물음에 답하십시오.

'맛집 탐방'을 아십니까? '맛집 탐방'은 맛있는 음식을 만드는 유명한 식당을 찾아가서 (㉠) 여행입니다. 유명한 식당은 인터넷으로 쉽게 찾을 수 있습니다. 유명한 식당에 찾아 가는 것은 재미있습니다. 그리고 맛있는 음식을 먹으면 기분도 좋아질 겁니다. 여러분도 맛있는 음식을 드시고 싶으십니까? 그러면 '맛집 탐방'을 해 보십시오.

15. (㉠)에 들어갈 알맞은 말을 고르십시오.

① 음식을 찾는
② 음식을 보는
③ 음식을 먹는
④ 음식을 배우는

[13~14]

Most people spend a lot of time on their computers and phones doing work, watching movies, or studying. As a result, sometimes our heads are in a downward position or our necks are craned for a long time. These positions are not good for the health of the neck. (㉠), you should stretch and relax your neck and take a 10 minute break from these devices after 50 minutes of use.

13. Fill in the blank (㉠).

① Then
② But
③ However
④ So

14. Choose the same option of this passage.

① A lot of people use their cell phone for studying.
② You have to work a lot on your computer and cell phone.
③ If your neck hurts, you can't use a computer or cell phone.
④ If you spend a long time with a computer and a cell phone, you should stretch your neck.

[15~16]

Do you know about the Koean idea "Exploration of Masjib"? It is the idea of going to famous restaurants to (㉠). We can easily find famous restaurants on the internet. Going to a famous restaurant is fun and after you eat good food you feel even better. Do you want to eat delicious food? Then, let's try the "Exploration of Matjib!"

*Matjib : best local restaurant

15. Fill in the blank (㉠).

① find foods
② see foods
③ eat food
④ learn about foods

16. 이 글의 내용과 같은 것을 고르십시오.

① 식당에 직접 가서 음식을 먹습니다.
② 인터넷으로 음식을 시킬 수 있습니다.
③ 기분이 좋을 때 맛있는 음식을 먹습니다.
④ 집에서 먹고 싶은 음식을 만들어 먹습니다.

7. 57번~58번 순서파악하기

7.1. 시간/상황으로 순서 파악하기

1. 다음을 순서대로 맞게 나열한 것을 고르십시오.

(가) 그래서 회사에 금방 올 수 있었습니다.
(나) 아침에 창밖을 보니 눈이 많이 와 있었습니다.
(다) 출근시간에 길이 많이 막힐 것 같아서 조금 일찍 나왔습니다.
(라) 다음에도 날씨가 안 좋으면 집에서 일찍 출발하려고 합니다.

① (나) – (다) – (라) – (가)
② (나) – (라) – (가) – (나)
③ (나) – (가) – (다) – (라)
④ (나) – (다) – (가) – (라)

7.2. 원인/결과로 순서 파악하기

1.

(가) 그래서 이번 공휴일에 친구들과 한국 민속촌에 가기로 했습니다.
(나) 드라마 찍는 곳에 가 보고 싶어 합니다.

16. Choose the same option of this passage.

① We can go to restaurants and eat food.
② We can order food on the internet.
③ When we feel good, we eat delicious food.
④ We can make foods that we want to eat at home.

7. 57~58 Sentence Order

*Link word
그리고 : and
그래서 : so, therefore, for that reason
그러나 : but, however
그러면 : and, then, so then
그러니까 : so
그런데 : well, by the way, but
하지만 / 그렇지만 : but, however , though

7.1. Grasping the procedure through the situation or time condition.

1. Choose the correct arrangement of the passage.

(Ka) So, I made it to work on time.
(Na) There was a lot of snow outside the window this morning.
(Da) So, I left early for work in case there would be traffic congestion.
(Ra) Next time there is bad weather, I will leave early again.

① (NA) - (Da) - (Ra) - (Ka)
② (Na) - (Ra) - (Ka) - (Na)
③ (Na) - (Ka) - (Da) - (Ra)
④ (Na) - (Da) - (Ka) - (Ra)

7.2. Grasping the procedure through the cause and result sentence.

1.

(Ka) So, we are going to go to the Korean Folk Village this holiday.

(다) 저는 친구들을 위해서 드라마를 찍고 있는 곳을
찾아보았습니다.
(라) 제 친구들은 한국 드라마를 좋아합니다.

① (라) – (나) – (다) – (가)
② (라) – (다) – (가) – (나)
③ (라) – (나) – (가) – (다)
④ (라) – (가) – (다) – (나)

(Na) They always want to go to the set of a
television drama.
(Da) I found the location of an open set of a
television drama for my friends.
(Ra) My friends like Korean dramas.

① (Ra) - (Na) - (Da) - (Ka)
② (Ra) - (Da) - (Ka) - (Na)
③ (Ra) - (Na) - (Ka) - (Da)
④ (Ra) - (Ka) - (Da) - (Na)

7. 3. 부연 설명으로 순서 파악하기

1.

(가) 그래서 이번 달에 문화센터에서 하는 요리 수업
을 신청했습니다.
(나) 열심히 배워서 여름에 있을 아버지 생신 때 케이
크를 만들 겁니다.
(다) 특히 여러 가지 빵과 케이크 만드는 방법을 알고
싶습니다.
(라) 저는 취미로 요리를 배우려고 합니다.

① (라) – (나) – (가) – (다)
② (라) – (다) – (나) – (가)
③ (라) – (가) – (다) – (나)
④ (라) – (다) – (가) – (나)

7.3. Grasping the procedure through the additional explanation.

1.

(Ka) So, I signed up for the cooking class in the
Cultural Center.
(Na) I will do my best to learn cooking, and I will
make a birthday cake for my father in this
Summer
(Da) In particular, I want to learn how to make
different kinds of bread and cake.
(Ra) I want to learn cooking as a hobby.

① (Ra) - (Na) - (Ka) - (Da)
② (Ra) - (Da) - (Na) - (Ka)
③ (Na) - (Ka) - (Da) - (Ra)
④ (Ra) - (Da) - (Ka) - (Na)

연습문제

다음을 순서대로 맞게 나열한 것을 고르십시오.

1.

(가) 어머니께서 3년 전에 큰 수술을 하셨습니다.
(나) 요즘은 운동을 열심히 하셔서 많이 나아지셨습
니다.
(다) 저는 어머니께서 지금처럼 항상 건강하셨으면
좋겠습니다.

Exercise

Choose the correct arrangement of the passage.

1.

(A) Three years ago, my mother had a major
surgery.
(B) Now, she is recovering quickly because of
her intensive workouts.
(C) I hope my mother is always healthy as now.

(라) 수술 후 1년 동안 잘 걷지도 못하시고 잘 드시지
도 못했습니다.

① (가) – (다) – (라) – (나)
② (가) – (다) – (나) – (라)
③ (가) – (라) – (나) – (다)
④ (가) – (나) – (다) – (라)

(D) After the surgery she couldn't walk well and
she could barely eat for an year.

① (Ka) - (Da) - (Ra) - (Na)
② (Ka) - (Da) - (Na) - (Ra)
③ (Ka) - (Ra) - (Na) - (Da)
④ (Ka) - (Na) - (Da) - (Ra)

2.

(가) 그래서 지금 대학교에서 패션디자인을 전공하고
있습니다.
(나) 저는 어렸을 때부터 패션에 관심이 많았습니다.
(다) 공부가 끝난 후에 제 이름의 회사를 만드는 것이
제 꿈입니다.
(라) 대학교를 졸업하고 프랑스로 유학도 가려고 합
니다.

① (나) – (라) – (다) – (가)
② (나) – (다) – (가) – (라)
③ (나) – (다) – (라) – (가)
④ (나) – (가) – (라) – (다)

2.

(Ka) So, I major in fashion design in the University.
(Na) I have been interested in fashion from a young
age.
(Da) After the studying abroad, I have a drea to
create my own fashion design company.
(Ra) After I graduate from University, I am
going to go abroad to France.

① (Na) - (Ra) - (Da) - (Ka)
② (Na) - (Da) - (Ka) - (Ra)
③ (Na) - (Da) - (Ra) - (Ka)
④ (Na) - (Ka) - (Ra) - (Da)

3.

(가) 돈을 모으면 다음 휴가 때 아프리카에 가 보려고
합니다.
(나) 이때까지 부산, 경주, 동해, 제주도 등 국내 여행
을 많이 했습니다.
(다) 그래서 이제는 해외여행을 가려고 아르바이트를
하고 있습니다.
(라) 저는 여행을 좋아합니다.

① (라) – (나) – (다) – (가)
② (라) – (가) – (다) – (라)
③ (라) – (가) – (나) – (다)
④ (라) – (다) – (라) – (가)

3.

(Ka) If I can save enough money, I will go to
Africa during my next vacation.
(Na) I have traveled a lot domestically;
including Busan, Gyeongju, Donghae,
Jeju Island and so on.
(Da) But I would like to travel outside Korea, so
I got a part time job.
(Ra) I like to travel.

① (Ra) - (Na) - (Da) - (Ka)
② (Ra) - (Ka) - (Da) - (Ra)
③ (Ra) - (Ka) - (Na) - (Da)
④ (Ra) - (Da) - (Ra) - (Ka)

4.

(가) 그래서 이 산은 언제나 저에게 편하고 좋은 곳입
니다.

(Ka) So, the hill is always a great comfort to me.
(Na) Also, if I am having a hard time or difficulty

(나) 또 저도 힘들거나 어려운 일이 생기면 혼자 산책
　　을 오기도 합니다.
(다) 제가 가장 좋아하는 산은 저희 동네 뒷산입니다.
(라) 어릴 때부터 저희 가족은 뒷산으로 자주 등산을
　　하러 갔습니다.

① (다) – (가) – (나) – (라)
② (다) – (라) – (나) – (가)
③ (다) – (나) – (라) – (가)
④ (다) – (가) – (나) – (라)

I take a walk around the hill alone.
(Da) My favorite place to hike is the hill behind
　　my village.
(Ra) I have gone hiking with my family since I
　　was young.

① (Da) - (Ka) - (Na) - (Ra)
② (Da) - (Ra) - (Na) - (Ka)
③ (Da) - (Na) - (Ra) - (Ka)
④ (Da) - (Ka) - (Na) - (Ra)

8. 59번~66번 내용 파악하기/같은 내용 고르기

8.1. 맥락 활용하기

여러분은 청소를 할 때 어떤 순서로 하십니까? (㉠)
저는 제일 먼저 창문을 열어서 집안의 공기를 바꿉니
다. (㉡) 그리고 세탁기로 빨래를 합니다. (㉢) 빨래
는 시간이 오래 걸리기 때문에 그 동안 부엌 정리를
합니다. (㉣) 그리고 화장실에서 냄새가 나지 않도록
문을 열어 놓습니다. 다음은 방과 침대를 정리하고 집
으로 들어오는 문 주변을 청소합니다.

1. 다음 문장이 들어갈 곳을 고르십시오.

설거지와 그릇 정리가 끝나면 화장실 청소를 합
니다.

① ㉠　　　② ㉡　　　③ ㉢　　　④ ㉣

8. 59~66 Complete the Sentence/Choose the same
option of this passage

8.1. Utilizing connection.

Do you have a routine for cleaning your house?
(㉠) In my case, I first open the windows to
let fresh air in. (㉡). Then, I run the washing
machine. (㉢) The laundry takes a long time,
so I clean up the kitchen. (㉣) I open the
bathroom door to get rid of odor, and then I
make the bed and clean up the front entrance.

1. Choose the following sentence into place.

When I finish washing the dishes and arranging
the bowl bowls, I clean the bathroom.

① ㉠　　　② ㉡　　　③ ㉢　　　④ ㉣

8.2. 같은 내용 고르기

1. 이 글의 내용과 같은 것을 고르십시오.

① 저는 청소를 좋아합니다.
② 쓰레기는 문 옆에 모아 놓습니다.
③ 저는 정해진 순서대로 청소를 합니다.
④ 세탁기는 빨래가 끝나면 문을 열어둡니다.

8.2. Grasping details

1. Choose the correct statement.

① I like to clean.
② The garbage will be collected near the door.
③ I have a specific routine for cleaning my house.
④ The washing machine should be opened after
　　the laundry is finished.

[1~2] 다음을 읽고 물음에 답하십시오.

여러분의 첫인상은 어떻습니까? (㉠) 사람을 처음 만날 때 여러분의 첫인상은 5초 안에 결정됩니다. (㉡) 다른 사람을 바라보는 눈과 목소리, 입은 옷들이 첫인상이 됩니다. (㉢) 좋은 인상을 만들려면 무엇보다 다른 사람의 이야기를 잘 들어주어야 합니다. (㉣) 이야기를 열심히 잘 들어주는 사람에게는 좋은 마음도 생기기 때문입니다.

1. 다음 문장이 들어갈 곳을 고르십시오.

그러면 좋은 인상을 만드는 방법은 무엇일까요?

① ㉠　　　② ㉡　　　③ ㉢　　　④ ㉣

2. 이 글의 내용과 같은 것을 고르십시오.

① 비싼 옷을 입으면 첫인상이 좋습니다.
② 첫인상은 처음 만났을 때는 없습니다.
③ 첫인상은 만날 때마다 다시 만들면 됩니다.
④ 다른 사람의 말을 잘 들어주면 좋은 인상을 줄 수 있습니다.

[3~4] 다음을 읽고 물음에 답하십시오.

제 고향은 한국 전주입니다. 전주는 서울에서 차로 3시간쯤 걸립니다. (㉠) 제 고향은 서울보다 작고 사람들도 적습니다. (㉡) 제 고향은 비빔밥과 한옥마을이 아주 유명합니다. 비빔밥은 많은 사람들이 좋아하는 한국 음식입니다. (㉢) 한옥마을은 한국의 옛날 집이 많이 있는 곳입니다. 그래서 외국 사람들이 많이 옵니다. (㉣) 또, 제 고향 사람들은 모두 친절하고 착합니다. 저는 제 고향이 아주 좋습니다.

[1~2]

What is the first impression that you give a stranger? (㉠) When you meet someone for the first time, the person's first impression of you is determined in less than 5 seconds. (㉡) How you look at others, the sound of your voice, and what you wear determines your first impression of them. (㉢) If you want to leave a good impression, you should listen carefully to what others say (㉣) because a good listener makes a warm heart.

1. Choose the following sentence into place.

So how do we make a good impression?

① ㉠　　　② ㉡　　　③ ㉢　　　④ ㉣

2. Choose the correct statement.

① If you wear expensive clothes, you can give a good first impression.
② When we meet someone for the first time, there is no first impression.
③ You can create a first impression every time you see someone.
④ If you listen carefully to what others say, you can leave a good first impression.

[3~4]

My hometown is Jeonju, South Korea. It takes three hours from Seoul by car to arrive there. (㉠) My hometown is smaller and has less people than Seoul. (㉡) My hometown is very famous for the bibimbap and the Traditional Hanok Village. Bibimbap is many people's favorite Korean dish. (㉢) The Hanok Village consists of many traditional Korean houses. So, many foreigners visit my hometown. (㉣) In addition, the people from my hometown are

3. 다음 문장이 들어갈 곳을 고르십시오.

비빔밥은 조금 맵지만 맛있습니다.

① ㉠　　　② ㉡　　　③ ㉢　　　④ ㉣

---

4. 이 글의 내용과 같은 것을 고르십시오.

① 비빔밥은 한국 사람들만 먹습니다.
② 제 고향은 서울보다 큰 도시입니다.
③ 제 고향 사람들은 한옥에서 삽니다.
④ 외국 사람들은 제 고향에 많이 놀러 옵니다.

[5~6] 다음을 읽고 물음에 답하십시오.

기차는 빠르고 시간도 정확하기 때문에 편리합니다. (㉠) 기차가 늦어졌을 때에는 기차역에서 돈을 돌려줍니다. (㉡) 도착 예정시간보다 1시간 반이 늦어지면 'KTX'기차는 50% 돌려받을 수 있습니다. '새마을호'기차는 25% 받을 수 있습니다. (㉢) 기차 종류마다, 늦어진 시간마다 돌려주는 돈을 다릅니다. (㉣) 그러므로 기차가 약속된 시간을 지키지 못했을 때는 기차역에 가서 돈을 돌려받을 수 있는지 알아보는 것이 좋습니다.

5. 다음 문장이 들어갈 곳을 고르십시오.

그러나 가끔 기차가 고장이 났거나 사고가 나서 늦어질 때도 있습니다.

① ㉠　　　② ㉡　　　③ ㉢　　　④ ㉣

---

6. 이 글의 내용과 같은 것을 고르십시오.

① 모든 기차는 항상 정확합니다.
② KTX 기차가 2시간 늦으면 25%를 돌려줍니다.
③ 기차가 늦게 도착하면 돈을 받을 수 있습니다.
④ 모든 기차는 1시간 반이 늦으면 50%를 돌려줍니다.

all friendly and nice. I love my hometown.

3. Choose the following sentence into place.

It is a little bit spicy but delicious.

① ㉠　　　② ㉡　　　③ ㉢　　　④ ㉣

---

4. Choose the correct statement.

① Only Koreans eat bibimbap.
② My hometown is bigger than Seoul.
③ The people from my hometown live in Hanoks.
④ Many foreigners visit my hometown.

[5~6]

The train is very convenient because it's fast and arrives on time. (㉠) If a train is delayed, the train office returns the passenger's fare. (㉡) If it is delayed for more than one and half hour, we can get a refund of 50% of the KTX (Korea train express) fare and 25% of the "Saemaul" train fare. (㉢) The refund money differs between the train type and how long it has been delayed. (㉣) So, if your train is late, you should ask the train officers whether or not you can a refund.

5. Choose the best place to put the following statement.

But, when a train breaks down or there is an accident, the train sometimes gets delayed.

① ㉠　　　② ㉡　　　③ ㉢　　　④ ㉣

---

6. Choose the correct statement.

① All trains always arrive on time.
② If the KTX train is over two hours late, they give us a 25% refund.
③ When the train arrives late we may get a refund.
④ All trains refund 50% of the fare when they are over one hour late.

[7~8] 다음을 읽고 물음에 답하십시오.

산에 가면 많은 새들이 살고 있습니다. (㉠) 그러나 언제나 같은 종류의 새가 있는 것은 아닙니다. (㉡) 겨울만 보내고 북쪽으로 가는 새도 있고, 여름만 보내고 다시 남쪽으로 돌아가는 새도 있습니다. (㉢) 또 너무 날씨가 추우면 조금 더 따뜻한 곳으로 내려가서 겨울을 지내기도 합니다. (㉣) 이렇게 계절마다 지역을 이동하는 새들을 '철새'라고 부릅니다.

7. 다음 문장이 들어갈 곳을 고르십시오.

새끼를 키우기 좋은 곳에서 알을 낳고 싶어 하기 때문입니다.

① ㉠　　② ㉡　　③ ㉢　　④ ㉣

---

8. 이 글의 내용과 같은 것을 고르십시오.

① 새들은 추운 곳에서 못 삽니다.
② 철새들은 같은 곳에서 살 수 있습니다
③ 가을과 겨울에는 산에 새들이 없습니다.
④ 새들은 살기 좋은 곳으로 옮겨 다닙니다.

8.3. 글을 쓴 목적 파악하기

1. 관광 안내소에서는 왜 이 글을 썼습니까?

한국의 철도역 이름

한국의 전철역 중에는 유명한 사람의 이름이나 소설의 제목을 쓰는 곳이 있습니다. 서울에서 춘천으로 가는 전철역 중에는 '김유정'역이 있습니다. 김유정은 한국의 소설가인데 '김유정'역은 김유정이 태어난 곳입니다. 그리고 서울에서 경기도로 내려오는 전철역에는 '상록수'역이 있습니다. '상록수'는 많은 사람들이 좋아하는 한국의 소설 제목입니다.

① '김유정'역과 '상록수'역에 대해 알리려고
② 한국의 전철역 이름 몇 개를 소개하려고
③ 전철역의 이름을 만드는 방법을 설명하려고
④ 잘 알려진 소설가가 있는 전철역을 광고하려고

[7~8]

There are a lot of birds in the mountains. (㉠) But there are different birds every season. (㉡) Some birds are present in the winter then fly north, and some birds are present in the summer, and then fly south. (㉢) If the weather is too cold, they move to a warmer place to spend winter. (㉣) We call them the migratory birds that move each season.

7. Choose the following sentence into place.

Because they want to lay their eggs in a good place to raise their chicks.

① ㉠　　　② ㉡　　③ ㉢　　④ ㉣

---

8. Choose the incorrect statement.

① The birds can't live in the cold weather.
② The migratory birds can live in the same place.
③ In the fall and winter, there are no birds in the mountains.
④ The birds move to live in a better place.

8.3. Grasping the writers purpose.

1. Why did the tourist information Center write this article?

The History of Korean Station Names

Some Korean subway stations are named after a famous person's name or the title of a novel. There is a "Kimyujeong" station between Seoul and Chuncheon, and that place is Korea's novelist Yujeong Kim's birthplace. There is also a "Sanglogsu" station between Seoul and Gyeonggi province. Sanglogsu (Evergreen) is the title of a famous novel in Korea.

① To notify about "Kimyujeong" station and "Sanglogsu" station.
② To introduce how some of Korea's stations

③ To explain how all the subway stations are named.

④ To advertise the subway station where well-known novelists live.

---

2. 모하메드 씨는 왜 이 글을 썼습니까?

선생님, 안녕하세요.
며칠 전 수업에 다녀간 '모하메드'입니다.
'한옥마을'에 초대해 주셔서 감사합니다. 정말 좋은 경험을 할 수 있었습니다. 한국의 전통 집을 본 것도 처음이었고, 그곳에서 잔 것도 처음이었습니다. 정말 신기했습니다. 떡도 직접 만들어 먹어 보고, 한복도 입어 보고 정말 특별한 경험이었습니다. 한국문화에 관심이 더 많아졌습니다. 다음에 기회가 되면 다시 한 번 가고 싶습니다. 정말 감사했습니다.

보내는 사람
모하메드

받는 사람
윤현서 선생님께

① 한옥마을에 선생님을 찾아가려고
② 선생님을 한옥마을에 초대하고 싶어서
③ 한옥마을에 초대해 주신 선생님께 감사해서
④ 한옥마을에서 같이 떡을 만든 선생님을 초대하고 싶어서

2. Why did Mohamed write this email?

Hello, teacher,
I am Mohammed who visited your class a few days ago.
Thank you for inviting me to the "Hanok Village". It was a really good experience. It was my first time that I saw traditional Korean houses and I slept in one.. It was really exciting. I ate rice cakes and I wore a "hanbok." It was very special for me. I am now much more interested in Korean culture. If I ever get the chance, I would like to visit again. Thank you.

From
Mohammed

Recipient(To)
Ms. Hyeonseo Yun

① To visit his teacher at the Hanok Village.
② To invite the teacher to the Hanok village.
③ To appreciate the teacher who invited him to the Hanok Village.
④ To invite the teacher to make rice cakes together.

연습문제

다음을 읽고 물음에 답하십시오.

1.

한국인 친구가 여러분을 기다립니다!

아직 한국어가 어렵고 리포트 쓰는 것이 힘듭니까? 한국 생활을 도와줄 한국인 친구를 만나십시오! 유학생 정보센터에서 도와드립니다!

신청 기간 : 학기 중 언제나

Exercise

1.

Korean friends are waiting for you!

Do you still have a difficulty to write a report? Let's meet Korean friends to help your Korean studies! The Information Center for International Students can help you!
Application Period : Anytime during the Semester.
Application place : The International Student

신청 장소 : 유학생 정보센터 2층

신청 조건 : 학생증, 신청서

*자세한 내용은 유학생 정보 센터 홈페이지를 보세요.

1. 유학생정보센터는 왜 이 글을 썼습니까?

① 새로운 한국어 수업을 안내하려고
② 유학생 정보 센터의 위치를 알려주려고
③ 외국인 학생들에게 리포트 자료를 주려고
④ 외국인 유학생을 도와줄 한국인 친구를 소개시켜주려고

Information Center (2nd Floor) Please Bring :
Student I &, the application form
Please check the International Student
information Center website for more detail.

1. Why did the International Student Information Center write this article?

① To inform about new Korean lessons.
② To give information about where the International Student Information Center is.
③ To give report data to international students.
④ To introduce international students to Korean friends who can help their studies.

---

2. 영희 씨는 왜 이 글을 썼습니까?

새로운 메시지

5월12일 2:43
김영희 010–123–4567

마리아 씨에게 부탁할 것이 있어요. 내일 할머니 생신이어서 케이크를 직접 만들어 드리고 싶은데요. 혼자 해 보니까 잘 안 돼서요. 시간이 있으면 마리아 씨가 가르쳐 줬으면 좋겠어요. 이 메시지 보면 꼭 연락주세요.

① 마리아 씨에게 케이크를 주려고
② 마리아 씨에게 케이크를 빌리려고
③ 마리아 씨에게 케이크 만드는 것을 배우려고
④ 마리아 씨에게 케이크를 만드는 것을 부탁하려고

---

2. Why did Yunghee write this text message?

New text message

Dec. 5th 2:43 p.m.
Yunghee Kim 010-123-4567

I have a favor to ask of you, Maria. Tomorrow is my Grandma's birthday, so I tried to make a cake on my own, but it's not going well. If you have time, could you please teach me how to make a cake? Please contact me if you see this message.

① To give a cake to Maria.
② To borrow a cake from Maria
③ To ask a favor of Maria to teach her know how to make a cake.
④ To ask a favor of Maria to make a cake.

---

3. 한국여행사는 왜 이 글을 썼습니까?

받는 사람 : suji@korea.kr
제목 : 한국 여행사입니다
보낸 사람 : hankook@korea..kr

안녕하세요, 윤수지 님.
저희 여행사를 이용해 주셔서 감사합니다.
즐거운 여행하셨기를 바랍니다.

---

3. Why did Hankuk travel agency write this email?

To : suji@korea.kr
Subject: Hankuk Travel Agency
From : hankook@korea.kr
Hello, Suszi Yun,
Thank you for using Hankuk Travel Agency.
I hope you had a nice trip.

저희 여행사를 이용해 주신 분들께 감사의 선물을 드립니다.

1. 다음에 다시 여행사를 이용해 주시면 10% 할인을 해 드립니다.
2. 여행을 다녀오신 후 느낌을 홈페이지에 써 주시면 액자를 드립니다.

다음에도 다시 찾아주시기 바랍니다.

한국 여행사

① 여행 예약해 주려고
② 여행 준비 도와주려고
③ 여행 일정을 알려주려고
④ 여행사 선물에 대해 알려주려고

Please accept the following gifts as a token of our appreciation.

1. If you use our travel agent again, we will give you 10% discount.
2. Please leave any comments about your travel and we will give you a picture frame.

I hope to see you again.

Hankuk travel agency

① To book a travel plan.
② To help prepare the travel.
③ To send a travel schedule.
④ To notify about the travel agency's gift.

---

4. 민속 박물관에서는 왜 이 글을 썼습니까?

세계의 멋진 건물 사진 전시회

전시 기간 : 9월 11일 ~ 13일
전시 시간 : 오전 9시 ~ 오후 6시
전시 장소 : 민속 박물관 1층
전시 순서 : 9월 11일 아시아 / 중동
　　　　　 9월 12일 아메리카 / 호주
　　　　　 9월 13일 유럽 / 아프리카

전시 기간 동안 한복을 입고 오시면 입장료가 무료입니다.

민속박물관

① 전시 행사에 대해 알리려고
② 전시장 위치에 대해 알리려고
③ 전시장 입장 방법을 알리려고
④ 민속 박물관 이용에 대해 알리려고

4. Why did the Folk Museum write this article?

Photo Exhibition : Beautiful Buildings around the World

Exhibition Dates : September 11 ~13
Exhibition hours : 9:00 a.m. ~ 6:00 p.m.
Location : 1st Floor, Folk Museum
Display Order : September 11th Asia / Middle East
　　　　　　　September 12th America / Australia
　　　　　　　September 13th Europe / Africa

If you wear the hanbok during the exhibition, the admission fee is free.

Folk Museum

① To advertise the exhibition.
② To explain where the exhibition is.
③ To explain how to get admittance to the exhibition.
④ To explain how to use the Folk Museum.

9.1. 알맞은 어휘 / 문법 고르기

[67~70]

저는 방학동안 아르바이트를 하고 싶습니다. 화장품 가게나 커피숍에서 하려고 합니다. 그런데 방학에는 아르바이트를 하려는 사람이 많아서 일을 (㉠) 힘듭니다. 제 친구들도 모두 아르바이트를 하고 싶어 합니다. 그래서 이번 주말과 다음 주말에는 시내로 가서 찾아보려고 합니다. 그리고 학교 게시판과 인터넷 게시판에서도 알아볼 것입니다. 아르바이트를 (㉡).

1. (㉠)에 들어갈 알맞은 말을 고르십시오.

① 받기가　　　　　　② 생기기가
③ 구하기가　　　　　　④ 만들기가

2. (㉡)에 들어갈 알맞은 말을 고르십시오.

① 하기로 했습니다
② 꼭 할 것 같습니다
③ 하는 게 좋겠습니다
④ 할 수 있었으면 좋겠습니다

9.2. 알맞은 어휘 / 문법 고르기 2

저는 집에 좋지 않은 냄새가 나면 초를 켭니다. 나쁜 냄새가 날 때 초를 켜면 그 냄새가 (㉠) 없어지기 때문입니다. 저에게는 과일향이 나는 초와 꽃향이 나는 초가 있습니다. 그런데 저는 특히 장미향을 좋아해서 기분이 조금 안 좋을 때도 장미향 초를 켜면 금방 기분이 좋아집니다. 내일은 청소할 때 장미향이 나는 초를 (㉡).

1. (㉠)에 알맞은 것을 고르십시오.

① 무척　　　② 아직　　　③ 주로　　　④ 거의

9.1.

[67~70]

I want to find a part-time job during summer vacation. I am trying to work at a cosmetic shop or coffee shop, but it's hard (㉠) because so many people want to work part-time during their vacation. All my friends want to have a part time job, too. This weekend and next weekend I will go to the city to look for a job, and I will look up job postings on the internet and school bulletin boards. I (㉡) a part time job.

He has worked his way through college.

1. Fill in the blank (㉠).

① to receive　　　　② to happen
③ to find a job　　　④ to make a job

2. Fill in the blank (㉡).

① decided to get
② strongly believe that I will get
③ better get
④ hope I can find

9.2.

When my house smells bad, I light a candle because the bad smell (㉠) goes away with a candle. My candles have either a fruit or floral scent. I especially like the rose scent, so when I feel a little bit down, I light a candle. It makes me feel better very quickly. Tomorrow, I (㉡) a rose scented candle.

1. Fill in the blank (㉠).

① very　　　② still　　　③ mainly　　　④ almost

2. (㉡)에 알맞은 것을 고르십시오.

① 켤까 합니다.
② 켜 봤습니다.
③ 켜야 했습니다.
④ 켤 수 없습니다.

2. Fill in the blank (㉡).

① am going to light
② have lighted
③ had to light
④ can't light

연습문제

[1~2] 다음을 읽고 물음에 답하십시오

저는 내일 집들이를 합니다. 지난주에 이사를 해서 친구들을 집으로 초대했습니다. 그래서 오늘 준비할 것이 많습니다. (㉠) 청소부터 하려고 합니다. 방과 거실, 화장실을 깨끗하게 할 것입니다. 그리고 시장에도 갈 것입니다. 내일 먹을 과일과 음료수를 사고 불고기 재료도 사려고 합니다. 내일 집들이가 (㉡).

1. (㉠)에 알맞은 것을 고르십시오.

① 금방   ② 우선   ③ 아마   ④ 금방

Exercise

Tomorrow, I am going to have a house warming party. I moved to my new house last week and so I invited my friends over. I should prepare many things for the party. (㉠), I am going to clean. I will clean my room, living room, and bathroom. Next, I will go to the market to buy fruits, drinks and Bulgogi ingredients. I hope that my house warming party (㉡)!

1. Fill in the blank (㉠).

① Soon   ② First   ③ Maybe   ④ Soon

2. (㉡)에 알맞은 것을 고르십시오.

① 즐거워야 합니다.
② 즐겁지 않았습니다.
③ 즐거운 것 같습니다.
④ 즐거웠으면 좋겠습니다.

2. Fill in the blank (㉡).

① have to be fun
② was not very fun
③ seems like fun
④ will be fun

[3~4] 다음을 읽고 물음에 답하십시오

새해가 시작되면 많은 사람들이 운동을 시작합니다. 하지만 그 이후에도 운동을 계속하는 사람들은 많지 않습니다. 날씨가 좋지 않거나 일이 많아서 바쁘거나 하는 이유가 생깁니다. 운동을 (㉠) 하려면 언제 어디에서나 할 수 있어야 합니다. 전철에서 두 세 정거장 먼저 내려서 걷고, 엘리베이터 대신 계단을 이용하면 시간을 많이 쓰지 않고 쉽게 (㉡).

3. (㉠)에 알맞은 것을 고르십시오.

① 빨리   ② 계속   ③ 절대   ④ 거의

At the start of the New Year, many people start to exercise. But after a few weeks or months, there are not many people who continue to exercise. They blame it on bad weather, say they are busy at work, or give another reason. If you want to (㉠) exercising, you are able to do it anytime, anywhere. If you get off the subway a couple of stations early, you can walk the rest of the way. Rather than taking the elevator, you can go up the stairs instead. You can easily (㉡) without spending a lot of time.

3. Fill in the blank (㉠).

① be fast   ② keep   ③ never   ④ almost

---

4. (㉡)에 알맞은 것을 고르십시오.

① 이동할 수 있습니다
② 움직일 수 있습니다
③ 올라갈 수 있습니다
④ 운동할 수 있습니다

4. Fill in the blank (㉡).

① transfer
② can move
③ climb
④ exercise

[5~6] 다음을 읽고 물음에 답하십시오

여러분은 자주 베개와 이불을 세탁하십니까? 베개와 이불은 매일 (㉠) 때문에 금방 더러워지지만 대부분의 사람들은 이것을 잘 알지 못합니다. 우리는 자는 동안 1 ~ 2컵의 땀을 흘립니다. 그래서 이불을 그대로 두면 여러 가지 병에 걸리기 쉽습니다. 앞으로는 베개와 이불을 두 개씩 준비해서 (㉡) 세탁을 해 보십시오.. 건강도 지키고 아침에 기분 좋게 일어날 수 있을 것입니다.

Do you wash your sheets frequently? We (㉠) our sheets on a daily basis, so they get dirty quickly. But most people don't wash their sheets often. We sweat 1~2 cups of sweat in bed, so if we don't wash our sheets, it may be a cause of disease. From now on, let's have two sets of sheets; so that we can (㉡) them when we need to do the wash. It will help keep us in good health.

5. (㉠)에 알맞은 것을 고르십시오.

① 사용하기   ② 편안하기
③ 걱정하기   ④ 부드럽기

5. Fill in the blank (㉠).

① use   ② comfortable
③ care   ④ soft

---

6. (㉡)에 알맞은 것을 고르십시오.

① 버리게   ② 바꿔서   ③ 걸려서   ④ 새로 사서

6. Fill in the blank (㉡).

① throw it   ② change   ③ take   ④ buy new one

[7~8] 다음을 읽고 물음에 답하십시오.

저는 여행을 갈 때마다 (㉠) 저에게 편지를 씁니다. 여행하면서 먹은 음식, 구경한 곳, 느낌 등 여러 가지 이야기를 씁니다. 여행을 다녀온 후에 그 편지를 받으면 기분이 좋습니다. 그리고 그 편지를 읽으면 여행을 추억할 수 있어서 좋습니다. 다음 달에 일본에 가는데 일본에 가서도 편지를 (㉡).

Whenever I travel, I (㉠) write a letter to myself. I write down what I ate, what I saw, how I felt, and so on. After the travel, I receive the letter at home and it makes me feel good. It is a good way to keep a memory of my trip. I am going to Japan next month, and I (㉡) a letter then, as well.

7. (㉠)에 알맞은 것을 고르십시오.

① 가끔   ② 거의   ③ 항상   ④ 전혀

7. Fill in the blank (㉠).

① sometimes   ② almost
③ always   ④ never

8. (㉡)에 알맞은 것을 고르십시오.

① 써도 됩니다.
② 써 봤습니다.
③ 쓰려고 합니다.
④ 쓴 적이 없습니다.

9. 3. 주어진 내용으로 추측하기

1. 이 글의 내용으로 알 수 있는 것은 무엇입니까?

저는 컴퓨터 게임을 만드는 회사의 사장입니다. 저는 게임을 정말 좋아합니다. 어렸을 때 공부는 하지 않고 게임만 해서 부모님께서 걱정을 많이 하셨습니다. 그 때부터 공부도 열심히 하면서 게임을 즐겼습니다. 늘 친구들보다 게임을 더 잘했고, 새로운 게임을 만들어 보고 싶었습니다. 지금은 게임을 만드는 일을 하기 때문에 일도 하고 게임도 즐깁니다. 제가 좋아하는 것을 일로 하니까 정말 행복한 것 같습니다.

① 저는 지금도 공부를 싫어합니다.
② 저는 어제 게임 회사에 취직했습니다.
③ 저는 요즘 게임을 할 시간이 없습니다.
④ 저는 아주 오랫동안 컴퓨터 게임을 좋아 했습니다.

2. 이 글의 내용으로 알 수 있는 것은 무엇입니까?

버스나 지하철을 탈 때 교통 카드를 이용하는 사람이 많습니다. 처음에는 교통카드를 따로 사고, 10,000원 정도의 이용 요금을 내면 쓸 수 있습니다. 요금을 다 써도 카드를 또 사지 않고 다시 그 카드를 쓸 수 있습니다. 또 버스나 지하철을 탈 때마다 현금을 준비하지 않아도 되고 할인도 받을 수 있습니다. 버스에서 지하철로, 지하철에서 버스로 갈아탈 때도 좀 더 싸게 갈 수 있고 카드에 남아 있는 돈은 돌려받을 수도 있습니다.

① 교통 카드는 다시 쓸 수 없습니다.
② 처음에는 만원만 있으면 교통카드를 살 수 있습니다.
③ 한국에서 여행을 할 때 교통카드가 있으면 편합니다.
④ 처음에 버스를 탈 때는 현금과 교통카드를 같이 내야 합니다.

8. Fill in the blank (㉡).

① can write
② try to write
③ will write
④ never write

9.3.

1. What can we infer from this passage?

I am the president of a computer game company. I really like games. When I was child I didn't study at all, I only played games. My parents really worried about that. I began to study hard and also enjoyed playing games. Usually, I had better scores than my friends in computer games, so I wanted to make a new game. Now, I can enjoy my work and play games at the same time. I am happy doing something that I enjoy at work.

① I don't like studying untill now.
② I have a job at a game company yesterday.
③ I have no time to play games.
④ I have liked computer games for a long time.

2. What can we infer from this passage?

When we ride the bus or subway, many people use a transit card. When we first buy the transit card, must charge 10,000 won onto it. Once the credit runs out on the card, we can reuse it instead of buying another one. When we have a transit card, we don't need to bring cash to ride the bus or subway and we can get a discount on the transit fare. If we transfer from the bus onto the subway or from the subway to the bus, we can get transfer discounts, and, we can even get a refund for the remaining balance.

① Transit cards cannot be reused.
② 10,000 won is enough money to buy a traffic card at first.

③ A transit card makes traveling in South Korea very convenient.

④ The first time we ride a bus, we have to pay with both cash and the transit card.

연습문제

1. 이 글의 내용으로 알 수 있는 것은 무엇입니까?

저는 옷을 사러 강남 버스터미널 지하상가에 자주 갑니다. 그곳은 지하에 있어서 비가 오거나 눈이 와도 쇼핑을 할 수 있습니다. 또 옷의 가격이 싸기 때문에 적은 돈으로 여러 벌의 옷을 살 수 있습니다. 그리고 전철역과 버스 정류장에서 아주 가깝습니다. 그래서 저는 가끔 그 곳에서 친구들도 만나고 함께 쇼핑을 합니다.

① 지하상가는 강남터미널에만 있습니다.
② 쇼핑을 하지 않으면 친구도 안 만납니다.
③ 강남터미널 지하상가는 쇼핑하기에 편리합니다.
④ 저는 비가 오거나 눈이 오면 늘 옷을 사러 갑니다.

Exercise

1. What can we infer from this passage?

I often go to the Gangnam Bus Terminal underground shopping center to buy clothes. The shopping center is located underground so I can shop even if it is raining or snowing. This place is really cheap so I can buy several dresses for a cheap price. This place is very close to the subway station and the bus stop. So, sometimes I meet my friends there and we go shopping together.

① The underground shopping center is only in the Gangnam Bus terminal.
② If I don't go shopping, I can't meet my friends.
③ The Gangnam Bus Terminal Underground shopping center is convenient for shopping.
④ I always go shopping when it is raning or snowing.

---

2. 이 글의 내용으로 알 수 있는 것은 무엇입니까?

지금 한국은 겨울입니다. 한국 사람들은 겨울이 너무 추워서 따뜻한 나라로 여행을 가고 싶어 합니다. 그런데 베트남이나 태국 사람들은 추운 겨울을 느끼고 싶어서 한국으로 옵니다. 한국에서 겨울옷을 입고 관광도 하고, 스키장에 가서 스키도 탑니다. 눈을 처음 보고 만지며 신기해합니다. 해 보지 못한 것을 직접 경험하는 것이 여행의 즐거움인 것 같습니다.

① 한국에 눈이 처음 왔습니다.
② 한국 사람들은 겨울을 좋아합니다.
③ 태국에서는 스키를 탈 수 있습니다.
④ 베트남은 겨울에 많이 춥지 않습니다.

2. What can we infer from this passage?

It is now winter in Korea and many Korean people want to travel to warm countries because the weather is too cold. Meanwhile, Vietnamese and Thai people, who want to feel cold weather, come to Korea in the winter. They wear winter clothes, sightsee, and ski at the ski resorts. They are excited to see and touch the snow for the first time. It seems that a traveler's joy comes from new experiences.

① It is the first time it snowed in Korea.
② Korean people like winter.
③ We can ski in Thailand.
④ It isn't that cold in Vietnam in winter.

3. 이 글의 내용으로 알 수 있는 것은 무엇입니까?

발을 보면 그 사람의 건강을 알 수 있습니다. 발 상태가 좋지 않으면 몸 건강이 좋지 않을 수 있습니다. 하루 종일 양말과 구두를 신어야 하는 직업이라면 집에 돌아 왔을 때 발을 잘 관리하는 것이 매우 중요합니다. 발을 따뜻한 물에 넣고 10~15분쯤 있으면 좋습니다. 그 후 손으로 발가락과 발바닥을 잘 만져주면 건강에 더 건강에 좋습니다.

① 발은 늘 따뜻해야 합니다.
② 발을 10분쯤 만져주면 좋습니다.
③ 발과 몸 건강은 관계가 있습니다.
④ 하루 종일 신발을 신어도 발이 편하면 괜찮습니다.

3. What can we infer from this passage?

Sometimes we can tell a person's health by the condition of their feet. It is difficult to keep your body healthy with a bad foot condition. If your job requires to wear socks and shoes all day, it is important that you to take care of your feet when you return your home. It is good to put your feet in warm water for about 10~15 minutes. Giving your toes and soles a massage is even better for your health.

① You should keep your feet warm.
② A ten minute foot massage is good for your health.
③ The health of your feet is related to the health of your body.
④ If you have to wear shoes all day, there won't be a problem with your feet.

4. 이 글의 내용으로 알 수 있는 것은 무엇입니까?

채소나 과일의 색으로 우리 몸에 필요한 음식을 고를 수 있습니다. 딸기나 고추의 빨간색, 녹색은 우리를 더 건강하게 만들어줍니다. 주황색의 음식은 눈 건강에 좋고 보라색 음식은 기분이 좋지 않을 때 먹으면 마음이 편해지는 효과가 있습니다. 이렇게 음식의 색깔은 우리의 몸과 마음의 건강에 좋은 영향을 줍니다.

① 색깔이 있는 음식만 먹어야 합니다.
② 하얀 색 음식은 건강에 안 좋습니다.
③ 눈이 아플 때는 주황색 음식을 먹어야 합니다.
④ 상황에 맞는 색깔의 음식을 먹으면 건강에 좋습니다.

4. What can we infer from this passage?

We can select the food we need for our health by the color of the fruits and vegetables. Red and green foods like strawberries and green peppers make us healthier. It is same to person. Orange colored foods are good for your eyes and purple colored foods affect our feelings when we are in a bad mood. The color of each food has as an good effect on both the physical and mental health of our bodies.

① We only have to eat colored food.
② White colored food is not good for your health.
③ When we have sore eyes we should eat orange colored food.
④ If we eat colored foods appropriately, it will be good for our health.

5. 이 글의 내용으로 알 수 있는 것은 무엇입니까?

우리는 아플 때 약을 먹습니다. 약이 병을 낫게 해 주기도 하지만 가끔은 환자의 마음을 편안하게 만들어 주기도 합니다. 이것은 '약을 먹었으니까 금방 나을 것이다'라고 믿는 사람들의 마음이 있기 때문입니다.

5. What can we infer from this passage?

When we are sick we take medicine. Medicine can help sicknesses but sometimes it just gives relief to a patient's mind because we believe that it will work in our body. Like this,

그래서 따뜻한 말이나 예쁜 꽃, 초콜릿 같은 선물도
병이 낫는데 도움을 줍니다. 그리고 병이 빨리 나을
것이라고 믿는 마음이 있어야 합니다.

① 초콜릿은 약입니다.
② 병에 걸리면 꼭 약을 먹어야 합니다.
③ 감기가 나을 것이라고 믿으면 정말 감기가 낫습니다.
④ 약과 따뜻한 말은 병이 나을 것이라고 믿게 해 줍니다.

kind words, pretty flowers, and chocolate gifts
can help improve body, and we should believe
that we can get rid of sicknesses very quickly.

① Chocolate is a medicine.
② If you are sick, you have to take medicine.
③ If you believe you are getting over your cold,
   you really can.
④ Medicine and warm words make us believe we
   can be cured.

3장 모의고사 정답

1회 모의고사

31	32	33	34	35	36	37	38	39	40
①	②	②	②	②	③	②	④	③	③

41	42	43	44	45	46	47	48	49	50
②	②	①	③	②	④	③	③	②	④

51	52	53	54	55	56	57	58	59	60
①	④	④	③	④	③	②	③	②	④

61	62	63	64	65	66	67	68	69	70
①	③	②	①	②	④	①	③	①	④

[31~33] 무엇에 대한 이야기입니까? 보기와 같이 알맞은 것을 고르십시오.

〈보기〉

열이 납니다. 목도 아픕니다.

❶ 감기　　② 상처　　③ 병　　④ 배탈

[31~33] What does each passage describe? Like the example, choose the best answer.

<example>

I have a fever and sore throat.

❶ Cold　　② Wound
③ Desease　　④ Upset stomach

31. (2점)	31. (2 points)
치마를 삽니다. 바지도 삽니다.	I buy a skirt and pants.
① 옷 ② 신발 ③ 가방 ④ 모자	① Clothes ② Shoes ③ Bag ④ Hat

32. (2점)	32. (2 points)
오늘 저는 불고기 요리를 할 겁니다. 주스도 만들 겁니다.	Today I will cook bulgogi and make juice.
① 야채 ② 음식 ③ 음료수 ④ 과일	① Vegetables ② Food ③ Beverages ④ Fruit

33. (3점)	33. (3 points)
오늘은 따뜻합니다. 내일은 비가 올 것 같습니다.	The weather is warm today. It seems to rain tomorrow.
① 계획 ② 날씨 ③ 계절 ④ 요일	① Plan ② Weather ③ Season ④ The day of the week

[34~39] 〈보기〉와 같이 빈칸에 제일 알맞은 것을 고르십시오.

[34~39] What does each passage describe? Like the example, choose the best answer.

〈보기〉

날씨가 춥습니다. (　)이 많이 붑니다.

① 눈 ② 비 ❸ 바람 ④ 구름

<example>

The weather is cold. There is a lot of (　) blowing.

① snow ② rain ❸ wind ④ cloud

34. (2점)	34. Which postpositional particle would be attached to the word 시계(　) in a Korean translation?
시계(　) 좋아합니다.	I like the watch.
① 가 ② 를 ③ 에게 ④ 의	① 가 ② 를 ③ 에게 ④ 의

35. (2점)	35. (2 points)
편지를 보냅니다. (　)에 갑니다.	I need to send a letter, so I go to the (　).
① 은행 ② 우체국 ③ 도서관 ④ 병원	① bank ② post office ③ hospital ④ library

36. (2점)	36. (2 points)
집에서 피자를 주문했습니다. 맛있게 다(　).	I ordered a pizza from home. It was so good, I (　) all of it.
① 만들었습니다 ② 샀습니다 ③ 먹었습니다 ④ 봤습니다	① made ② bought ③ ate ④ saw

37. (3점)

> 꽃이 (　). 그래서 꽃을 샀습니다.

① 쉽습니다　　　　　② 예쁩니다
③ 시원합니다　　　　④ 어둡습니다

37. (3 points)

> These flowers are (　), so I bought them.

① easy　　　② pretty　　　③ cool　　　④ dark

---

38. (3점)

> 전화를 받지 않습니다. (　) 다시 전화하려고 합니다.

① 갑자기　　② 아까　　③ 별로　　④ 이따가

38. (3 points)

> My friend didn't answer the phone, so I'll call again (　).

① suddenly　　　　② a while ago
③ not much　　　　④ later

---

39. (2점)

> 방이 덥습니다. 그래서 창문을 (　).

① 닫았습니다　　　　② 봤습니다
③ 열었습니다　　　　④ 켰습니다

39. (2 points)

> The room was too hot. So, I (　) the window.

① closed　　　　② saw
③ opened　　　　④ turned on

[40~42] 다음을 읽고 맞지 않는 것을 고르십시오.

40. (3점)

매일 점심 10% 할인!

· 월요일 : 불고기　　　· 목요일 : 떡국
· 화요일 : 비빔밥　　　· 금요일 : 설렁탕
· 수요일 : 김치찌개

한식집 〈거기〉

* 주말에는 쉽니다.
* 두 그릇 이상 배달(02-555-1212)

① 이 식당은 일요일에 쉽니다.
② 설렁탕 세 그릇을 배달해 줍니다.
③ 비빔밥과 떡국은 같이 할인을 받습니다.
④ 월요일에 불고기를 싸게 먹을 수 있습니다.

[40~42]

40. (3 points)

There is a 10% discount for lunch every day!

·Monday : Bulgogi (Korean style Barbecued Beef.)
·Tuesday : Bibimbap (boiled rice with assorted vegetables)
·Wednesday : Kimchi stew
·Thursday : Ddukkuk (a rice-cake soup)
·Friday : Seolleongtang (beef bone soup)

Korean food restaurant < kougi >

* Closed during the weekends
* Delivery available for orders of two bowls or more. (02-555-1212)

① This restaurantis closed on Sunday.
② We can make a home delivery for three bowls of Seolleongtang.
③ The Bibimbap and the Doukkuk are discounted on the same day.
④ On Monday, we can eat Bulgogi cheaply.

41. (3점)

> **핸드폰 요금**
>
> 고객 이름 : 김미선
> 핸드폰 번호 : 010-7890-1001
> 사용 기간 : 1월 1일 ~ 1월 31일
> 이번 달 사용 금액 : 54,000원
>
> *00은행 1004-111-0001 (2월 15일까지)

① 1월에 사용한 핸드폰 요금입니다.
② 요금은 핸드폰 회사에 내야 합니다.
③ 2월 15일까지 54,000원을 내야 합니다.
④ 김미선 씨의 전화번호는 010-7890-1001번입니다.

41. (3 points)

> **Mobile Phone Bill**
>
> Customer's name : Misun Kim
> Mobile Phone Number : 010-7890-1001
> Mobile Phone Bill Period : 1st of January - 31st of January
> Amount : 54,000 won.
>
> *Please, pay this bill by the 15th of February to 00 Bank account, 1004-111-0001

① It is the bill of home telephone that she used in January.
② She must pay this mobile phone fee to the mobile phone company.
③ She must pay 54,000 won by February 15th.
④ 010-7890-1001 is a Misun Kim's phone number.

42. (2점)

> **행복 영화관 주차 안내**
>
> 〈주차비〉
> *주차 30분까지 : 무료
> *30분 후부터 10분에 1,000원
> *영화관 이용 손님 : 3시간 무료
>   (주차할 때 영화 표 확인합니다.)

① 영화관에 주차장이 있습니다.
② 영화를 안 보면 주차할 수 없습니다.
③ 20분 주차를 하면 돈을 안 내도 됩니다.
④ 영화 표가 있으면 3시간 동안 무료입니다.

42 . (2 points)

> **Parking lot guide for Haeng-bok Movie Theatre.**
>
> * Parking is free for the first 30 minutes.
> * 1,000 won per 10 minutes after the first 30 minutes
> * Parking is free for Movie Theatre customers for the first three hours (please have your tickets validated).

① There is a parking lot in the movie theater.
② You can't park here if you don't watch a movie.
③ If you park for 20 minutes, it's free.
④ If you have a movie ticket, it will be free for 3 hours.

[43~45] 다음을 읽고 내용과 같은 것을 고르십시오. (각 3점)

43.

> 저는 스키를 좋아합니다. 러시아에서 살 때는 자주 스키를 탔습니다. 지금도 스키를 타고 싶습니다. 그런데 아이가 아직 너무 어려서 스키장에 못 갑니다. 아이가 조금 더 크면 가족이 다 함께 갈 것입니다.

① 저의 취미는 스키입니다.

[43~45]

43.

> I love to ski. Living in Russia, I can ski often. I want to ski now. However, my child is too young to go to the ski resorts. When my child is a little bit bigger, I will take them skiing with me.

① My hobby is skiing.
② I have a tall child.

② 저희 아이는 키가 큽니다.

③ 저는 한국에 살고 있습니다.

④ 저는 올해도 스키를 탈 것입니다.

③ I live in South Korea.

④ I will go skiing this year.

44.

저는 어제 교통사고가 나서 조금 다쳤습니다. 병원에 일주일 동안 입원하기로 했습니다. 조금 힘들지만 빨리 나아서 퇴원하고 싶습니다.

① 지금은 다 나았습니다.

② 병원에서 일하고 있습니다.

③ 교통사고 때문에 병원에 갔습니다.

④ 일주일 동안 병원에 다녀야 합니다.

44.

I was in a traffic accident with some injuries yesterday, so I am in the hospital for a week. It has been a hard time for me. I want to be healthy and leave this hospital.

① Now, I am completely healthy.

② I work at the hospital.

③ I went to the hospital because of a traffic accident.

④ I have to see a doctor for a week.

45.

오늘 학교 가는 길에 친구를 만났습니다. 그래서 잠깐 이야기를 하고 버스를 타러 정류장으로 갔습니다.

① 수업에 늦지 않았습니다.

② 버스를 타고 학교에 갑니다.

③ 학교에서 친구와 이야기를 했습니다.

④ 저는 늘 친구를 만나서 학교에 같이 갑니다.

45.

I met a friend on my way to school today, so I stopped to talk with him for a few seconds. When I arrived at the bus stop, the bus had gone. So, I was late for school.

① I am not late for school.

② I go to school by bus.

③ I talked with my friends in school.

④ I always go to school with my friends.

[46~48] 다음을 읽고 중심 생각을 고르십시오.

46. (3점)

어제 통장을 만들려고 은행에 갔습니다. 그런데 외국인등록증을 가지고 가지 않아서 만들지 못했습니다. 그래서 오늘 외국인등록증을 가지고 은행에 다시 가야 합니다.

① 새 통장을 만든 적이 있습니다.

② 은행에서 외국인등록증을 만듭니다.

③ 통장을 만들려면 은행에 두 번 가야 합니다.

④ 외국인등록증이 있어야 통장을 만들 수 있습니다.

[46~48] Choose the same option of this passage.

46. (3 points)

Yesterday, I went to the bank to get a new bankbook, but I couldn't do it because I forgot to bring my Alien Registration Card. So, today I have to go back to the bank with my Alien Registration Card.

① I've gotten a new bankbook once.

② I got an alien registration card from the bank.

③ If I want to get a bankbook, I have to go to the bank twice.

④ If I want to get a new bankbook, I have to have my Alien Registration Card.

47. (3점)

저는 빵을 좋아해서 날마다 빵집에 갑니다. 제가 가는 빵집은 오전 8시마다 새 빵을 만들어서 팝니다. 저는 그 빵을 먹으려고 항상 8시에 빵집에 갑니다.

① 저는 빵집에서 일합니다.
② 저는 8시에 빵을 만듭니다.
③ 저는 오전마다 빵을 사러 갑니다.
④ 저는 빵을 만들어서 팔고 싶습니다.

47. (3 points)

I go to the bakery every day because I like bread. My favorite bakery sells bread that is baked at 8:00 in the morning. I love eating this bread, so I always go to the bakery at 8:00 am.

① I work in the bakery.
② I make the bread at 8:00 am.
③ I go to the bakery to buy breads every morning.
④ I want to sell the bread that I made.

48. (2점)

외국어를 공부할 때 '듣기'를 가장 어려워합니다. 듣기는 그 언어의 드라마나 뉴스로 연습하면 좋습니다. 그래서 저도 한국어를 공부할 때 드라마를 많이 보려고 합니다.

① 외국어는 듣기가 제일 어렵습니다.
② 듣기를 잘하려면 뉴스를 많이 보는 것이 좋습니다.
③ 듣기를 잘하면 드라마를 안 봐도 됩니다.
④ 저는 한국 드라마를 봐서 한국어를 잘합니다.

48. (2 points)

When you study a foreign language, usually the most difficult part is listening comprehension. To practice listening, watching dramas or the news might be helpful. When I learn Korean, I watched a lot of Korean dramas.

① I like Korean dramas.
② Watching a lot of news might be helpful for learning foreign languages.
③ If you are good at listening comprehension you don't need to watch foreign drama at all.
④ Since I like Korean dramas, I watch them a lot, so my Korean is good.

[49~50] 다음을 읽고 물음에 답하십시오. (각 2점)

이제 버스 정류장에서 버스를 (㉠) 않아도 됩니다. 인터넷으로 버스 도착 시간을 알 수 있기 때문입니다. 버스 도착 시간을 보고 시간에 맞춰 버스 정류장으로 나가면 됩니다. 그리고 큰 도시에서는 버스 정류장에서도 버스의 도착 시간을 알 수 있습니다.

49. (㉠)에 들어갈 알맞은 말을 고르십시오.

① 출발하지　② 기다리지　③ 타지　　④ 읽지

[49~50] (2 points each)

From now on, you don't need to (㉠) for a bus at the bus stop you can look up the arrival time on the internet. So, you just check the bus arrival time, and go to the bus stop by the appropriate time. It is also possible to know the arrival time of the bus at the bus stop in the big city.

49. Fill in the blank (㉠).

① start　　② wait　　③ ride　　④ read

50. 이 글의 내용과 같은 것을 고르십시오.

① 버스마다 정류장이 다릅니다..
② 버스는 항상 같은 시간에 도착합니다.
③ 버스 정류장에 버스가 오지 않습니다.
④ 인터넷으로 버스 도착 시간을 확인할 수 있습니다.

50. Choose the same option of this passage.

① Each bus has a different bus stop.
② The bus always arrives at the same time.
③ The bus does not come to the bus stop.
④ You can look up the bus arrival time on the internet.

[51~52] 다음을 읽고 물음에 답하십시오. (각 2점)

저는 요즘 '꽃다발' 만드는 것을 배우고 있습니다. 어렸을 때부터 꽃을 좋아해서 예쁘게 만들어 보고 싶었습니다. 이제는 제가 (㉠) 꽃으로 원하는 모양을 만들 수 있어 정말 좋습니다. 그리고 제가 만든 꽃다발을 친구들에게 선물로 줄 수 있어서 더 즐겁습니다. 열심히 배워서 제 결혼식에서 쓸 부케도 만들어 보고 싶습니다.

[51~52] (2 points each)

Recently, I've learned to arrange flowers into a bouquet. I have liked flowers since I was a child, so I wanted to learn to arrange them beautifully. I would like to my (㉠) flowers and arrange them into a bouquet as a gift for my friends. I would also like to make my own wedding bouquet.

51. (㉠)에 들어갈 알맞은 말을 고르십시오.

① 좋아하는　② 중요한　③ 밀린　④ 빨간

51. Fill in the blank (㉠).

① favorite　② important　③ delay　④ red

52. 무엇에 대한 이야기입니까? 알맞은 것을 고르십시오.

① 꽃다발의 모양
② 꽃다발을 받을 사람
③ 꽃다발 만드는 방법을 배우는 곳
④ 꽃다발 만드는 방법을 배우는 이유

52. What is the passage mainly about?

① The shape of bouquet.
② A person who receives a bouquet.
③ A place where you can learn to arrange flowers.
④ The reason why this person wants to learn to arrange flowers.

[53~54] 다음을 읽고 물음에 답하십시오.

옷을 세탁할 때 한 번에 같이 하면 안 됩니다. 빨래의 종류와 색깔로 나눠 따로 하는 것이 좋습니다. 세탁을 잘못하면 옷이 작아지거나 색깔이 (㉠) 때문입니다. 바지와 셔츠, 수건 등 종류를 나눠야 하고, 흰색과 색깔이 있는 옷으로도 나눠야 합니다. 그러면 옷이 잘못 세탁되지 않을 겁니다.

[53~54]

When you wash your laundry, don't mix it all together. You should do laundry separately by the type and color. If not, the clothes shrink or (㉠) color. You should sort underwear, towels, white clothes, and colorful clothes into separate groups. Then, the clothes will be washed appropriately.

53. (㉠)에 알맞은 말을 고르십시오. (2점)

① 보이기　② 그리기　③ 예쁘기　④ 변하기

53. Fill in the blank. (2 points)

① show　② paint　③ pretty　④ change

54. 이 글의 내용과 같은 것을 고르십시오. (3점)

① 옷은 같은 종류끼리 세탁해야 합니다.
② 빨래를 한 후에 색깔을 나눕니다.
③ 흰색과 까만색은 같이 세탁해도 됩니다.
④ 빨래는 모두 모아 한 번에 세탁해야 합니다.

54. Choose the same option of this passage. (3 points)

① You should do laundry together by the type.
② You should sort clothes by color after you wash your laundry.
③ You don't need to classify between White clothes and black clothes.
④ You should do all your laundry together.

[55~56] 다음을 읽고 물음에 답하십시오.

모하메드 씨, 미안하지만 오늘 약속을 취소해야겠어요. 회사에 급한 일이 생겨서 늦게까지 일을 해야 할 것 같아요. 내일 만날 수 있어요? (　) 리에 씨에게도 좀 전해 주세요. 리에 씨 번호를 잃어 버려서 연락을 하지 못했어요. 리에 씨도 내일 시간이 괜찮으면 내일 만났으면 좋겠어요. 그러면 리에 씨와 연락하고 알려 주세요. 기다릴게요.　　　　－ 지선 －

[55~56]

Dear Mohamed,

I'm afraid that I have to cancel our appointment. I had a last minute task come up at work, so I must work late.　Can we meet tomorrow? (　), please tell Rie too. I lost Rie's phone number so I couldn't' get in touch with her. If Rie is available tomorrow, let's meet then. Please contact me once you talk to Rie. I will wait for your call.

From　Ji-sun

55. (　)에 들어갈 알맞은 말을 고르십시오. (2점)

① 그래서　　② 그런데　　③ 그러면　　④ 그리고

55. Fill in the blank. (2 points)

① So　　　　　　　　② By the way
③ Then　　　　　　　④ And

---

56. 이 글의 내용과 같은 것을 고르십시오. (3점)

① 지선 씨는 리에 씨에게 전화하고 있습니다.
② 지선 씨는 지금 모하메드 씨를 만나러 갑니다.
③ 지선 씨는 오늘 약속을 내일로 바꾸고 싶습니다.
④ 지선 씨는 회사에서 리에 씨를 기다리고 있습니다.

56. Choose the same option of this passage. (3 points)

① Ji-sun is calling Rie.
② JI-sun is going to meet Mr. Mohammed now.
③ Ji-sun wants to change the meeting time from today to tomorrow.
④ Ji-sun is waiting for Rie at the company.

[57~58] 다음을 순서대로 맞게 나열한 것을 고르십시오.

57. (2점)

(가) 요즘은 은행에 직접 가지 않고 인터넷으로 돈을 보낼 수 있습니다.
(나) 그래서 저는 인터넷으로 돈을 자주 보냅니다.

[57~58] Choose the correct arrangement of the passage.

57. (2 points)

(Ka) Nowadays, we don't need to go to the bank personally. We can send money on

(다) 신청이 되면 원하는 시간, 원하는 장소에서 사용
    할 수 있어서 편리합니다.
(라) 하지만 인터넷으로 돈을 보내려면 은행에 직접
    가서 신청부터 해야 합니다.

① (가) – (라) – (나) – (다)
② (가) – (라) – (다) – (나)
③ (가) – (다) – (라) – (나)
④ (가) – (나) – (라) – (다)

the internet instead.
(Na) I often send the money on the internet.
(Da) If your application is accepted, you can
    use online banking any time, at any place
    conveniently.
(Ra) But, if we want to send money on internet
    we should apply first at the bank.

① (Ka) - (Ra) - (Na) - (Da)
② (Ka) - (Ra) - (Da) - (Na)
③ (Ka) - (Da) - (Ra) - (Na)
④ (Ka) - (Na) - (Ra) - (Da)

58. (3점)

(가) 그런데 여권의 기간이 조금 밖에 남지 않았습니다.
(나) 일주일 후에 여권을 찾으러 가면 됩니다.
(다) 그래서 오늘 사진을 다시 찍고 여권을 신청했습
    니다.
(라) 저는 다음 달에 일본으로 여행을 가려고 합니다.

① (라) – (다) – (나) – (가)
② (라) – (가) – (나) – (다)
③ (라) – (가) – (다) – (나)
④ (라) – (나) – (다) – (가)

58. (3 points)

(Ka) But my passport will expire in a few days.
(Na) After one week, I will pick up my passport.
(Da) So, today I will take a passport picture and
    apply for a new passport.
(Ra) I will go on a trip to Japan next month.

① (Ra) - (Da) - (Na) - (Ka)
② (Ra) - (Ka) - (Na) - (Da)
③ (Ra) - (Ka) - (Da) - (Na)
④ (Ra) - (Na) - (Da) - (Ka)

[59~60] 다음을 읽고 물음에 답하십시오.

저는 비행기를 탈 때마다 출입문 쪽 자리에 앉습니다.
(㉠) 그 자리는 다른 자리보다 더 넓고 편해서 좋습
니다. (㉡) 비행기 사고가 났을 때 도와줘야 하기 때
문입니다. (㉢) 그래서 문을 여는 방법도 가르쳐 줍
니다. (㉣) 급하게 문 밖으로 뛰어내려야 할 때 그 자
리에 앉은 사람이 문을 열어줘야 합니다.

59. 다음 문장이 들어갈 곳을 고르십시오. (2점)

그런데 그 자리는 젊은 사람만 앉을 수 있습니다.

① ㉠   ② ㉡   ③ ㉢   ④ ㉣

[59~60]

When I board a plane, I usually sit in an
emergency exit seat (㉠) because it is more
comfortable and wider than the other seats.
(㉡) They give a ticket to young people who
can help employees when there is an airplane
accident. (㉢) They teach these people how
to open the door when the passenger needs to
jump out of the door in a hurry (㉣).

59. Choose the best place to put the following statement. (2 points)

However, only young people can sit in this
seat.

① ㉠   ② ㉡   ③ ㉢   ④ ㉣

60. 이 글의 내용과 같은 것을 고르십시오. (3점)

① 출입문 쪽 자리는 넓어서 다른 자리보다 비쌉니다.
② 출입문 쪽 자리에 할아버지나 아이들도 앉을 수 있습니다.
③ 출입문 쪽 자리는 사고가 나면 제일 빨리 나갈 수 있습니다.
④ 출입문 쪽 자리에 앉는 사람은 사고가 나면 문을 열어야 합니다.

60. Choose the same option of this passage. (3 points)

① The emergency exit seat is more expensive than other seats.
② Children or elders can sit in an emergency exit seat.
③ People sitting in an emergency exit seat can easily get out in an accident.
④ People sitting in an emergency exit seat must open the door in an accident.

[61~62] 다음을 읽고 물음에 답하십시오. (각 2점)

저는 한 달 전에 기숙사에서 원룸으로 이사를 했습니다. 기숙사는 책상과 침대가 모두 있었지만 원룸은 없기 때문에 다 새로 사야 합니다. 가구를 알아보고 있었는데 공짜로 주는 곳을 알게 되었습니다. 3년쯤 쓴 책상이지만 괜찮은 것 같습니다. 책상이나 침대 같은 새 가구들은 살 때는 돈을 많이 (㉠) 합니다. 그래서 가구를 무료로 받거나 싼 값에 살 수 있다면 많은 도움이 될 것입니다. 저도 앞으로 안 쓰는 물건이 있으면 버리지 않고 새 주인을 찾아 주려고 합니다.

61. (㉠)에 들어갈 알맞은 말을 고르십시오.

① 내야　　② 벌어야　　③ 받아야　　④ 모아야

[61~62] (2 points each)

I moved to a studio from a dormitory room one month ago. I had a desk and a bed when I lived in the dormitory, but I had to buy all new furniture for the studio. While I was looking for new furniture, I found a place where I can get free used desk in good condition. When we need to get new furniture, we (㉠) a lot of money. So, it is helpful when we can receive furniture for free or buy it at a new cost From now on, if there is something I don't use, I will find a new owner for it, rather than throwing it away.

61. Fill in the blank (㉠).

① spend　　② earn　　③ receive　　④ gather

---

62. 이 글의 내용과 같은 것을 고르십시오.

① 원룸에는 가구가 있습니다.
② 안 쓰는 물건은 버려야 합니다.
③ 저는 무료로 책상을 받았습니다.
④ 지난달에 기숙사로 이사를 왔습니다.

62. Choose the same option of this passage.

① There is a furniture in the studio.
② If someone doesn't use the things, they should it throw away.
③ I got a free used desk.
④ I moved into a dormitory last month.

[63~64] 다음을 읽고 물음에 답하십시오.

받는 사람
Kim_jun@korea.kr
제목
〈한국어3〉 수업을 신청한 제시카입니다.
보낸 사람

[63~64]

To : Kim_jun@korea.kr
Title : This is Jessica registered for <Korean 3> class
From : Jessica@korea.kr

Hello, Professor Kim.

Jessica@korea.kr

안녕하세요. 교수님.

저는 〈한국어3〉 수업을 신청한 학생입니다. 제가 〈한국어3〉 첫 수업을 들었는데 많이 어려웠습니다. 고향에서 1년쯤 혼자 한국어를 공부하고 한국에 왔기 때문에 자신이 있었습니다. 그런데 생각보다 모르는 것이 많았습니다. 특히 듣기가 제일 어려운 것 같습니다. 그래서 교수님의 다른 수업인 〈한국어2〉로 바꿨으면 좋겠습니다. 지금 바꿔도 괜찮을까요? 그럼, 연락을 기다리겠습니다.

제시카 드림

I am a student who is registered for the <Korean 3> class. I attended the first class, but I had a difficulty to understand the contents. I've been studying Korean for one year on my own in my country, so I am self-confident, but there are a lot of things I still don't know. For me, the most difficult aspect of learning Korean is listening comprehension. If it's alright, I would like to change to your <Korean 2> class. I'll wait for contact you.

Jessica

63. 제시카 씨는 왜 이 글을 썼습니까? (2점)

① 교수님께 감사하려고

② 교수님께 부탁하려고

③ 교수님께 연락하려고

④ 교수님께 선물하려고

63. Why did Jessica write this message? (2 points)

① She wanted to say thank you to her professor.

② She had a request for her professor.

③ She wanted to contact her professor.

④ She try to give a present to her professor.

64. 이 글의 내용과 같은 것을 고르십시오. (3점)

① 교수님의 수업을 들어 봤습니다.

② 교수님을 고향에서 만났습니다.

③ 한국어 수업이 힘들지 않습니다.

④ 한국에서 1년 동안 공부했습니다.

64. Choose the same option of this passage. (3points)

① I attended one of the professor's classes.

② I met my professor in my hometown.

③ The Korean class is not very difficult.

④ I studied Korean for one year in Korea.

[65~66] 다음을 읽고 물음에 답하십시오.

사람들은 건강을 위해서 과일을 많이 먹어야 합니다. 왜냐하면 그 안에는 비타민이 있기 때문입니다. 그래서 많은 사람들이 과일 주스를 사 마시기도 합니다. 하지만 과일 주스에는 생각보다 많은 설탕이 들어갑니다. 콜라처럼 (㉠) 비타민도 거의 없습니다. 비타민을 위해서는 과일 주스를 마시지 말고 과일을 먹어야 합니다.

[65~66]

People should eat a lot of fruits because they contain vitamins. Many people drink fruit juice, but fruit juice has a lot of sugar in it that we don't expect. Fruit juice is very (㉠) and doesn't have many vitamins in it. If you care about your health, you should eat fruits not fruit juice.

65. (㉠)에 들어갈 알맞은 말을 고르십시오. (2점)

① 맵고　　② 달고　　③ 쓰고　　④ 짜고

65. Choose the option that best completes the passage. (2 points)

① spicy　　② sweet　　③ bitter　　④ salt

66. 이 글의 내용으로 알 수 있는 것을 고르십시오. (3점)

① 과일에는 설탕이 많이 들어 있습니다.
② 과일 주스에 비타민이 많아서 자주 마십니다.
③ 몸에 비타민이 없으면 과일을 먹어야 합니다.
④ 비타민은 주스보다 과일로 먹는 것이 좋습니다.

66. Choose the same option of this passage. (3 points)

① Fruits have a lot of sugar in it.
② I often drink fruit juice because there are a lot of vitamin in it.
③ If you don't have vitamins in your body, you should eat the fruits.
④ Eating fruit is better than drinking a juice for vitamins.

[67~68] 다음을 읽고 물음에 답하십시오. (각 3점)

요즘 결혼사진을 스튜디오에서 찍지 않고 신랑과 신부가 (㉠) 찍는 사람들이 많습니다. 사진을 잘 찍는 친구와 좋은 카메라만 있으면 됩니다. 신랑과 신부는 사진을 찍고 싶은 장소를 고릅니다. 그리고 자기가 입고 싶은 옷을 준비합니다. 이렇게 하면 두 사람은 적은 돈으로도 특별한 사진을 가질 수 있습니다. 저도 결혼할 때 직접 사진을 (㉡).

67. (㉠)에 알맞은 것을 고르십시오.

① 직접　　　② 그만　　　③ 우선　　　④ 길게

[67~68] (3 points each)

These days, brides and grooms take wedding pictures (㉠) without the help of a photo studio. A friend who can take good pictures with a good camera is all they need. The brides and grooms choose the place where they want to take a picture, and then they prepare the clothes they want to wear. This is a very cheap way to get pictures from the couple's special day, so this trend is becoming very popular. When I get married, I (㉡) my wedding pictures like this.

67. Fill in the blank (㉠).

① by themselves　　　② stop
③ first of all　　　④ long

*직접 mean 'directly', but in this sentence, it means "by themselves"

---

68. (㉡)에 알맞은 것을 고르십시오.

① 찍지 못합니다.
② 찍어도 됩니다.
③ 찍으려고 합니다.
④ 찍어 봐야 합니다.

68. Fill in the blank (㉡).

① can't take　　　② can take
③ would like to take　　　④ try to take

[69~70] 다음을 읽고 물음에 답하십시오. (각 3점)

아이들의 꿈을 위한 '직업 체험관'이 생겼습니다. 이곳에서 아이들은 미래에 하고 싶은 일을 미리 경험해 볼 수 있습니다. 예를 들면 요리사가 되어 음식을 직접 만들어 볼 수도 있습니다. 그리고 아나운서가 되어 직접 뉴스도 해 볼 수 있습니다. 이렇게 여러 가지 직

[69~70] (3 points each)

"Work Experience Hall" is now available for children to experience their dream jobs. For example the hall allows children to make a food like a cook, or report the news like a news anchor. The children (㉠) what their real dream

업에 대해 알아보고 직접 경험해 보면 자신이 원하는 꿈을 (㉠) 있을 것입니다.

job is while they learn about the many jobs, they experience at the "Work Experience Hall."

69. (㉠) 에 들어갈 알맞은 말을 <u>고르십시오</u>.

① 찾을 수 　　② 해 줄 수
③ 사 줄 수 　　④ 빌려 줄 수

69. Fill in the blank (㉠).

① can discover 　　② can do
③ can buy 　　④ can borrow

70. 이 글의 내용으로 알 수 있는 것을 <u>고르십시오</u>.

① 아이들은 꿈이 모두 같습니다.
② 아이들은 요리하는 것을 좋아합니다.
③ 아이들에게 아나운서가 가장 인기가 많습니다.
④ 이곳에서는 아이들이 여러 직업에 대해 알아볼 수 있습니다.

70. What do you know in this passage?

① All children have the same dream job.
② Children like cooking.
③ A news anchor is the most popular job among children.
④ This place introduces a variety of jobs.

2회 모의고사

31	32	33	34	35	36	37	38	39	40
①	②	①	③	③	④	④	②	③	③

41	42	43	44	45	46	47	48	49	50
①	③	③	③	④	①	①	④	②	②

51	52	53	54	55	56	57	58	59	60
①	④	①	③	②	④	②	①	①	③

61	62	63	64	65	66	67	68	69	70
①	①	②	④	④	③	③	①	②	④

[31~33] 무엇에 대한 이야기입니까? 보기와 같이 알맞은 것을 <u>고르십시오</u>.

〈보기〉

열이 납니다. 목도 아픕니다.

❶ 감기 　② 상처 　③ 병 　④ 배탈

[31~33] What does each passage describe? Like the example, choose the best answer.

<example>

I have a fever and sore throat.

① Cold 　　② Wound
③ Desease 　　④ Upset stomach

31. (2점)	**31. (2 points)**
차와 과자를 가져왔습니다. 과일을 준비했습니다	I brought cookies and tea and prepared fruit.
① 손님 ② 학생 ③ 회사원 ④ 선생님	① Guest ② Student ③ Employer ④ Teacher
32. (2점)	**32. (2 points)**
책을 가방에 넣었습니다. 시험지를 받았습니다.	I put my books in my bag and received the test.
① 방학 ② 시험 ③ 합격 ④ 책상	① A vacation ② A test ③ Pass(the exam) ④ A desk
33. (3점)	**33. (3 points)**
학교에 가지 않았습니다. 집에서 쉬었습니다.	I get some rest rather than going to school.
① 교실 ② 거실 ③ 공원 ④ 운동장	① A classroom ② A living room ③ A park ④ playground

[34~39] 〈보기〉와 같이 빈칸에 제일 알맞은 것을 고르십시오.

〈보기〉

날씨가 춥습니다. ( )이 많이 붑니다.

① 눈 ② 비 ❸ 바람 ④ 구름

[34~39] **What does each passage describe? Like the example, fill in the blank.**

<example>

The weather is cold. There is a lot of ( ) blowing.

① snow ② rain ❸ wind ④ cloud

34. (2점)	**34. (2 points)**
차가운 물( ) 마셨습니다.	Which postpositional particle would be attached to the word 물( ) in a Korean translation? I drank a cold water
① 이 ② 에서 ③ 을 ④ 에	① 이 ② 에서 ③ 을 ④ 에
35. (2점)	**35. (2 points)**
방을 청소했습니다. ( )도 깨끗이 비웠습니다.	I cleaned my house and emptied the ( ).
① 필통 ② 우체통 ③ 휴지통 ④ 저금통	① pencil case ② mail Box ③ waste basket ④ piggy bank

36. (2점)	**36. (2 points)**
기차를 타고 여행을 갔습니다. 박물관, 시장 등 여러 곳을 ( ).	I took a trip by train. I ( ) many places like a museum, market and so on.
① 보냈습니다 ② 건넜습니다 ③ 소개했습니다 ④ 구경했습니다	① spent (time) ② crossed ③ introduced ④ looked around
37. (3점)	**37. (3 points)**
눈이 ( ). 그래서 안과에 갑니다.	I have ( ) eyes, so I go to ophthalmic clinic.
① 즐겁습니다 ② 예쁩니다 ③ 슬픕니다 ④ 아픕니다	① funny ② pretty ③ sad ④ sore
38. (3점)	**38. (3 points)**
텔레비전을 껐습니다. 그리고 음악을 ( ) 틀었습니다.	I turned off the television and turned on the music ( ).
① 좁게 ② 크게 ③ 밝게 ④ 빨갛	① narrowly ② loudly ③ brightly ④ red
39. (2점)	**39. (2 points)**
문을 조용히 ( ). 그리고 밖으로 나왔어요.	I ( ) the door quietly and went outside.
① 지켰어요 ② 팔았어요 ③ 열었어요 ④ 취소했어요	① kept ② sold ③ opened ④ canceled

[40~42] 다음을 읽고 맞지 않는 것을 고르세요.

[40~42]

40. (3점)

40. (3 points)

겨울, 봄 여성복 80~60% 세일

블라우스 20,000원~

바지, 스커트 30,000원~

코트 100,000원~

장소 : 시민 회관 옆

시간 : 2014년 8월 1일 ~ 8월 31일, 오전 10시 ~ 오후 7시 (일요일도 합니다)

문의 : 여성복 벨라 02) 123-1234

① 코트 가격은 십만 원부터입니다.

② 바지는 삼만원부터 살 수 있습니다.

③ 여름 옷을 80~60% 세일 가격으로 살 수 있습니다.

④ 8월 31일까지 일요일도 오전 10시부터 오후 7시까지

60~80% Off All Ladies' Spring and Winter Apparel

Blouses 20,000 won~

Pants and skirts 30,000 won~

Coats 100,000 won~

Where : Next to the Civil Center

Time : March 1st to March 31st,

10 a.m.~ 7 p.m. (Open on Sundays)

Inquiry : (02) 123-1234

'Bella' Ladies' Apparel

① The prices of coats start at one hundred thousand won.

② The prices of pants start at thirty thousand won.

문을 엽니다.

③ You can buy summer clothes 60~80% off.
④ They are open from 10:00 a.m. to 7:00 p.m., until August 31st.

---

41. (2점)

강남구청 10월 전시 안내

전시 날짜 : 10월 1일~10월 31일

전시 시간 : 10시~17시

전시 장소 : 강남구청 1층

10월 1일~10일 : 김복희 한복 전시회

10월 13일~20일 : 어린이 동화책 전시회

10월 26일~31일 : 아프리카 사진전

① 전시는 오전 10시부터 저녁 7시까지 합니다.

② 10월 10일에 가면 김복희 한복 전시를 볼 수 있습니다.

③ 어린이들을 위한 동화책 전시회는 모두 8일 동안 계속됩니다.

④ 10월 마지막 주에 전시관에 가면 아프리카 사진전을 볼 수 있습니다.

41. (2 points)

Exhibitions in October (10:00~17:00)

1st-10th of October, Exhibition of Bok-hui Kim's Hanbok.

13th to 20th of October, Exhibition of Children's Favorite Storybooks.

21st-25th of October, Graduation Exhibition of Kungju Art School.

26th to 31st of October, Exhibition of African Photos.

① It will run from 10 a.m. to 7 p.m.

② If you go there at October 10th, you can see the exhibition of Bok-hui Kim's Hanbok.

③ The graduation exhibition of Kungju Art School will continue for 8 days.

④ If you go there the last week of October you can see the photo exhibition of Africa.

42. (2점)

수업 시간표

시간	월	화	수	목	금
09:00~10:00	듣기		읽기	읽기	듣기
10:10~11:00	말하기		말하기		말하기
11:10~12:00	쓰기		듣기	문화	쓰기

① 화요일에는 수업이 없습니다.

② 수업은 오전 9시에 시작합니다.

③ 수요일에는 문화 수업을 합니다.

④ 쓰기 수업은 월요일, 금요일에 있습니다.

42. (2 points)

Class schedule

Time	Mon	Tues	Wed	Thurs	Fri
09:00~10:00	Listening		Read	Read	Listening
10:10~11:00	Speaking		Speaking		Speaking
11:10~12:00	Writing		Listening	Culture	Writing

① There are no lessons on Tuesday.

② The first class starts at 9 a.m.

③ There is a culture class on Wednesday.

④ There are writing classes on Monday and Friday.

43.

카페에서 잡지를 보면서 친구를 기다렸습니다. 약속 시간이 되었지만 친구가 오지 않았습니다. 친구에게 전화를 걸었 습니다.

① 친구와 집 앞에서 만났습니다.
② 친구에게 먼저 전화가 왔습니다.
③ 친구와 카페에서 만나기로 했습니다.
④ 친구는 나보다 먼저 카페에 왔습니다.

44.

학교 앞 문구점에 갔습니다. 문구점 안에는 손님이 한 명도 없었습니다. 볼펜과 공책을 사고 지우개도 샀습 니다.

① 집 근처 문구점에 갔습니다.
② 문구점에서 친구를 만났습니다.
③ 문구점에서 지우개와 볼펜을 샀습니다.
④ 문구점 안에는 사람들이 많지 않았습니다.

45.

동생과 산에 올라갔습니다. 맑은 공기를 마시니까 기분이 좋았습니다. 우리는 산을 내려오기 전에 도시락을 맛있게 먹었습니다.

① 동생은 집에서 도시락을 먹었습니다.
② 우리는 산을 내려와서 도시락을 먹었습니다.
③ 동생은 산에 올라가는 것을 아주 싫어했습니다.
④ 우리는 산에 올라가서 맑은 공기를 마셨습니다.

[43~45] Choose the correct statement. (3 points each)

43.

While waiting for a friend in a cafe, I read a magazine. He did not come on time, so I called him.

① I met my friend in front of the my house.
② My friend called me first (before I called him).
③ My friend and I were supposed to meet in a café.
④ My friend came to the cafe before me.

44.

I went to the stationery store in front of the school. There were no customers inside of stationery store. I bought a ballpoint pen, notebook, and eraser.

① I went to the stationery store near my house.
② I met my friend in the stationery store.
③ I bought a ballpoint pen and an eraser in the stationery store.
④ There were not many people in the stationery store.

45.

I hiked up a mountain with my younger brother. The fresh air made me feel good. We ate lunch box before climbing down the mountain.

① My brother ate lunch box at home.
② We ate lunch box after I came down the mountain.
③ My brother hated climbing the mountain.
④ We hiked up the mountain and breathed in fresh air.

[46~48] 다음을 읽고 중심 생각을 고르십시오.

46. (3점)

어제 학교에서 계단을 내려가다가 넘어졌습니다. 바로 병원에 가서 다리를 치료 받았습니다. 금요일과 토요일에도 병원에 가야 할 것 같습니다.

① 다리 치료를 받으러 병원에 다녀야 합니다.
② 금요일에 계단에서 넘어져서 다리를 다쳤습니다.
③ 금요일과 토요일은 집에만 있어야 할 것 같습니다.
④ 계단에서 넘어져서 어제는 병원에 가지 못했습니다.

47. (3점)

지금 에어컨을 틀고 있습니까? 에어컨 온도를 조금 높여 주십시오. 그러면 건강도 지키고 전기 사용도 줄일 수 있습니다.

① 전기를 아낍시다.
② 전기를 사용하지 맙시다.
③ 에어컨을 사용하지 맙시다.
④ 건강을 위해서 운동합시다.

48. (2점)

오늘은 시험을 보는 날입니다. 공부를 열심히 했지만 실수를 할까 봐 걱정이 됩니다. 실수를 하지 않고 시험을 잘 봤으면 좋겠습니다.

① 시험을 잘 못 봐서 걱정입니다.
② 공부를 열심히 했기 때문에 걱정이 없습니다.
③ 시험 공부를 열심히 하지 않아서 걱정입니다.
④ 오늘 실수를 하지 않고 시험을 잘 보고 싶습니다.

[46~48]

46. (3 points)

Yesterday, I fell down the stairs in school. I went to the hospital immediately and my leg was treated. I have to return to the hospital Friday and Saturday.

① I have to return to the hospital to have my legs treated.
② I hurt my leg on Friday falling down the stairs.
③ It would be better to stay at home on Friday and Saturday.
④ I didn't go to the hospital yesterday because I fell down the stairs.

47. (3 points)

Are you running your air conditioner now? Please turn it down, so you can stay healthy and save on the electricity bill.

① Let's save on the electricity bill.
② Don't use the electricity.
③ Don't use the air conditioner.
④ Exercise to stay healthy.

48. (2 points)

I have an exam today. I studied hard, but I am still worried that I might make a mistake. I hope that I will do well on the exam without any mistakes.

① I am worried Because I did badly in my exam.
② I am not worried because I studied a lot.
③ I am concerned that I didn't study enough.
④ I hope that I will do well on the exam without mistakes.

[49~50] 다음을 읽고 물음에 답하십시오. (각 2점)

한국에는 여러 명절이 있습니다. 그중에서 설날과 추석은 한국의 가장 큰 명절입니다. 그래서 역이나 터미널에 가면 (㉠) 사람들이 많습니다. 또 고향으로 가는 차 때문에 길이 막힙니다. 하지만 고향에 도착하면 부모님을 뵙고 가족과 함께 즐거운 시간을 보냅니다.

49. (㉠)에 들어갈 알맞은 말을 고르십시오.

① 물건을 파는　　　　② 고향에 가는
③ 공부를 하는　　　　④ 고향을 떠나는

50. 이 글의 내용과 같은 것을 고르십시오.

① 한국의 설날과 추석은 모두 주말입니다.
② 많은 사람들이 명절에 고향으로 갑니다.
③ 사람들은 명절에 고향에 가지 않습니다.
④ 명절에 친구와 여행을 가는 사람이 많습니다.

[51~52] 다음을 읽고 물음에 답하십시오. (각 2점)

봄이면 학교가 시작합니다. 새로운 학년이 되면 준비해야 할 것이 많습니다. 그래서 서점에는 (㉠) 학생과 학부모가 많아집니다. 문구점이나 백화점에서도 학교에 새로 입학하는 학생을 위한 행사를 합니다. 가족과 친구들은 입학을 축하해 주고 선물을 줍니다.

51. (㉠)에 들어갈 알맞은 말을 고르십시오.

① 책을 사려는　　　　② 펜을 사려는
③ 공책을 팔려는　　　　④ 책상을 팔려는

[49~50] (2 points each)

In Korea, we have several holidays. Seolnal (The Lunar New Year) and Chuseok (Korean Thanksgiving) are the most important holidays for Koreans. If you go to the station or terminal, there are so many people (㉠). The roads are jammed with people who want to go hometowns. But when people arrive home, they will meet their parents and have a good time together.

49. Fill in the blank (㉠).

① selling things
② going home
③ studying
④ leaving for the holiday

50. Choose the same option of this passage.

① In Korea, Seolnal and Chuseog are both on weekends.
② During holidays, many people go to their hometowns.
③ During holidays, people do not go to their hometowns.
④ During holidays, there are many people that go on a trip with friends.

[51~52] (2 points each)

With the coming of a new school year in the spring, we need many new things. More and more parents and students want to (㉠) in the bookstore. The stationery and the department stores have events for the freshman. Family and friends bring gifts to celebrate the commencement of a new year.

51. Fill in the blank (㉠).

① buy books　　　　② buy pens
③ sell their notebooks　　　　④ sell their desks

52. 무엇에 대한 이야기입니까? 알맞은 것을 고르십시오.

① 새 학기는 겨울에 시작합니다.
② 학생은 새 학기가 되어도 바쁘지 않습니다.
③ 새 학기가 되면 친구들과 만나지 못합니다.
④ 새 학기가 되기 전에 학생들은 준비할 것이 많습니다.

52. What is the passage mainly about?

① The new school year starts in winter.
② Even though the new school year is beginning, students are not busy.
③ When the new school year starts, students can't see their friends.
④ Before the new school year, Have many things to prepare.

[53~54] 다음을 읽고 물음에 답하십시오.

어머니께

생신을 축하 드립니다! 그동안 건강 때문에 많이 힘드셨지요? 건강 조심하세요. 생신 선물로 홍삼을 준비했어요. ( ) 하루에 두 번씩 드세요. 그리고 아버지와 함께 좋은 곳으로 여행 한 번 다녀오세요. 저희들 걱정은 하지 마세요. 생신 다시 한 번 축하드립니다.

– 현주 올림–

[53~54]

Dear mom,

 Happy birthday! It's been tough days because of your bad health condition. Please take care of yourself. I bought you some red ginseng for your birthday. So, ( ) to drink it twice a day. Also, I hope you go travel with dad to some nice place. Again, congratulations on your birthday!

From, Hyun-ju

53. ( )에 들어갈 알맞은 말을 고르십시오. (2점)

① 잊지 말고　　　② 씻지 말고
③ 때리지 말고　　④ 보지 말고

53. Fill in the blank ( ). (2 points)

① don't forget　　② don't wash
③ don't hit　　④ don't pile it up

---

54. 이 글의 내용과 같은 것을 고르십시오. (3점)

① 현주 씨는 동생의 생일 선물을 샀습니다.
② 어머니는 현주 씨의 생일 선물을 받고 기뻐하셨습니다.
③ 현주 씨는 생일 선물로 어머니께 홍삼을 선물했습니다.
④ 어머니는 원래부터 운동을 열심히 하셔서 건강이 매우 좋으십니다.

54. Choose the same option of this passage. (3 points)

① Hyun-ju bought a birthday gift for her brother.
② Hyun-ju's birthday present makes her mother happy.
③ Hyun-ju 's presented red ginseng to her mother as a birthday gift.
④ Hyun-ju 's mother is very healthy because she does exercise.

[55~56] 다음을 읽고 물음에 답하십시오

지난 주부터 아침에 일찍 일어납니다. 아침에 일찍 일어나니까 회사에 가기 전까지 시간이 많습니다. 아침 식사도 하고, 책도 읽고, 방 정리도 할 수 있습니다. ( ) 아침에 일찍 일어나려면 밤에 일찍 자야 합니다. 친구들과 밤에 만나는 약속도 줄이고 12시 전에 잠을 자려고 합니다. 아침에 일찍 일어나는 것이 아직 쉽지 않지만 몸이 많이 건강해진 것 같습니다.

55. ( )에 들어갈 알맞은 말을 고르십시오. (2점)

① 그리고   ② 그런데   ③ 왜냐하면   ④ 그러면

56. 이 글의 내용과 같은 것을 고르십시오. (3점)

① 아침에 늦게 일어나고 싶습니다.
② 밤에 일찍 자는 것이 매우 어렵습니다.
③ 아침에 일찍 일어나는 것은 쉽습니다.
④ 아침에 일찍 일어나려고 밤에 일찍 잡니다.

[57~58] 다음을 순서대로 맞게 나열한 것을 고르십시오.

57. (2점)

(가) 8시 50분쯤에 혜화역에 도착하면 학교까지 걸어 갑니다.
(나) 9시까지 학교에 가려면 8시에 집을 나와야 합니다.
(다) 저는 매일 지하철을 타고 학교에 갑니다.
(라) 지하철역에서 10분 정도 걸으면 교실에 도착할 수 있습니다.

① (다) – (가) – (라) – (나)
② (다) – (나) – (가) – (라)
③ (다) – (나) – (라) – (가)
④ (다) – (라) – (나) – (가)

[55~56]

Since last week, I wake up early in the morning so I have plenty of time before I go to work. I have time to eat breakfast, read a book, and organize my room. (   ), I have to go to bed early at night, since I get up early in the morning. I try to meet people in the evening and go to sleep before 12 o'clock. Waking up early in the morning is not so easy for me, but I feel much healthier than before.

55. Fill in the ( ). (2 points)

① And   ② But   ③ Because   ④ Then

56. Select the true statement. (3 points)

① I wish I could wake up late in the morning.
② I have difficulty going to sleep early at night.
③ It is easy to get up early in the morning.
④ I go to bed early at night because I want to get up early in the morning.

[57~58] Choose the correct arrangement of the passage.

57. (2 points)

(Ka) I arrive at the Hyehwa station around 8:50, and then I walk to school.
(Na) If I want to arrive at school by 9:00, I have to leave my house at 8:00.
(Da) I go to school on the subway every day.
(Ra) It takes 10 minutes to walk from the subway station to my classroom

① (DA) - (KA) - (RA) - (NA)
② (DA) - (NA) - (KA) - (RA)
③ (DA) - (NA) - (RA) - (KA)
④ (DA) - (RA) - (NA) - (KA)

58. (3점)

(가) 친구들이 집에 오기로 해서 먹을 것을 사러 시장에 갔습니다.

(나) 아무 것도 사지 못하고 집으로 돌아와서 지갑을 찾았습니다.

(다) 벽에 걸린 가방 안을 살펴봤더니 그 안에 지갑이 있었습니다.

(라) 먹을 것을 골라서 계산을 하려는데 지갑이 없었습니다.

① (가) – (라) – (나) – (다)

② (가) – (나) – (다) – (라)

③ (가) – (다) – (나) – (라)

④ (가) – (라) – (다) – (나)

---

58. (3 points)

(KA) I went to the market to buy something to eat because my friends were coming to visit me.

(NA) I couldn't buy anything and I just went back to my house to find my wallet.

(DA) I looked into my bag and I found my wallet.

(RA) When I went to pay for the food, I realized that I didn't have my wallet.

① (Ka) - (Ra) - (Na) - (Da)

② (Ka) - (Na) - (Da) - (Ra)

③ (Ka) - (Da) - (Na) - (Ra)

④ (Ka) - (Ra) - (Da) - (Na)

[59~60] 다음을 읽고 물음에 답하십시오.

오빠는 작년에 대학교를 졸업하고 군인이 되었습니다. (㉠) 저는 자주 오빠에게 편지와 소포를 보냈습니다. (㉡) 몇 주 후면 오빠가 휴가를 나올 것입니다. (㉢) 몇 달 만에 오빠를 만나는 것이라서 무척 반가울 것 같습니다. (㉣) 저는 나라를 지키는 일을 하는 오빠가 무척 자랑스럽습니다.

59. (㉠)에 들어갈 알맞은 말을 고르십시오. (2점)

그래서 지금은 강원도에 살고 있습니다.

① ㉠　　　② ㉡　　　③ ㉢　　　④ ㉣

[59~60]

Since my brother graduated from college, he has been doing his military service. (㉠) Sometimes, I send a parcel and a letter to my brother. (㉡) In a few weeks, my brother will comeback home for his vacation. (㉢) I am so excited to see my brother in a few weeks. (㉣) I am very proud of my brother for protecting our country.

59. Choose the best place to put the following statement. (2 points)

So now, he lives in the Kangwon province.

① ㉠　　　② ㉡　　　③ ㉢　　　④ ㉣

---

60. 이 글의 내용과 같은 것을 고르십시오. (3점)

① 오빠는 지방으로 휴가를 갈 것입니다.

② 오빠는 대학교를 졸업하고 휴가를 갔습니다.

③ 저는 군인이 된 오빠가 무척 자랑스럽습니다.

④ 부모님은 오빠에게 가끔 편지와 소포를 보냈습니다.

---

60. Choose the same option of this passage. (3 points)

① My brother is going to take a vacation in the countryside.

② My brother is going to go vacation after graduate his college.

③ I am very proud that my brother became a soldier.

④ Sometimes, my parents send a parcel and letters to my brother.

각 나라별로 요리를 할 때 사용하는 재료나 요리 방법이 다릅니다. 또 음식을 먹는 방법도 나라마다 다 다릅니다. 그래서 요즘 세계 요리에 관심을 갖는 사람들이 많습니다. 왜냐하면 요리를 (   ) 맛있는 음식도 먹을 수 있고, 그 나라의 음식 문화까지 배울 수 있기 때문입니다. 물론, 한국에 사는 외국인 중에서도 한국 요리와 음식 문화에 대해 배우고 싶어하는 사람들이 많습니다.

61. (   )에 들어갈 알맞은 말을 고르십시오.

① 배우면서 　　② 고치면서
③ 가져오면서 　　④ 기다리면서

62. 이 글의 내용과 같은 것을 고르십시오.

① 세계 요리에 관심을 갖는 사람들은 많습니다.
② 세계 요리에 관심을 갖는 사람들이 줄어들었습니다.
③ 한국의 음식 문화로는 한국 문화를 알 수 없습니다.
④ 외국인들은 한국의 음식 문화에 대해 관심이 거의 없습니다.

[63~64] 다음을 읽고 물음에 답하십시오.

받는사람 : marata@mate.com
제목 : 새로 나온 카드를 안내해드립니다.
보낸사람 : jinju@jubank.co.kr

안녕하십니까? 저희 나라은행을 이용해 주셔서 감사합니다. 새로 나온 카드에 관한 안내 메일을 드립니다.
한 달에 30만원 이상 카드를 사용하실 경우, 전국 모든 커피숍에서 20%할인, 버스나 지하철 요금 5% 할인, 하하 미용실에서 5% 할인을 받으실 수 있습니다. 많은 관심 부탁 드립니다. 궁금한 점이 있으시면 언제든지 저에게 연락 주십시오.
즐거운 하루 되십시오.

[61~62] (2 points)

Each country has different cooking ingredients and recipes. The way we eat food is also different from country to country. So, these days, many people try to learn cooking styles from around the world. People not only (   ) to cook, they also enjoy delicious food and learn about a new culture at the same time. Of course, foreigners who live in Korea want to learn to cook Korean food and learn about Korean culture as well.

61. Fill in the blank.

① learn　　② repair　　③ bring in　　④ wait

62. Choose the same option of this passage.

① There are many people interested in learning to cook world cuisine.
② The people who are interested in world cooking has been reduced. There are fewer people interested in world cuisine.
③ There is no way to learn about Korean culture through Korean food classes.
④ Most foreigners have no interest in Korean food and culture.

[63~64]

To : marata@mate.com
Title : The introduce of new credit card.
From : jinju@jubank.co.kr

Hello! Thank you for using Nara Bank. This is guide mail for new credit cards.
If you purchase over 300,000 won a month using this credit card, you can save 20% at any coffee shop in the country, You can also receive 5% off subway and the bus fare and 5% off at 'HaHa' beauty salon. I hope that many of you have interest in it. If you have any questions, please feel free to contact me.

63. 나라은행 김진주 씨는 왜 이 글을 썼습니까? (2점)

① 카드를 새로 바꾸려고

② 새로 나온 카드를 알리려고

③ 새로 나온 카드를 신청하려고

④ 카드를 새로 만들어서 보내 주려고

64. 이 글의 내용과 같은 것을 고르십시오. (3점)

① 궁금한 점이 있으면 우체국에서 일하는 김진주 씨에게 연락해야 합니다.

② 한 달에 30만원을 쓰면 언제든지 버스, 지하철을 무료로 탈 수 있습니다.

③ 카드를 만드는 모든 사람이 버스나 지하철 요금을 5% 할인 받을 수 있습니다.

④ 한 달에 30만원 이상 카드를 사용하면 하하 미용실에서 5% 할인을 받을 수 있습니다.

[65~66] 다음을 읽고 물음에 답하십시오.

우리가 하는 여러 가지 다른 일들 때문에 공기 중에는 눈에 보이지 않는 먼지가 많이 떠 있습니다. 먼지를 마시면 건강에 좋지 않습니다. 또 여러 가지 병의 원인이 될 수 있습니다. 그래서 마스크나 손수건으로 먼지가 몸 안으로 (㉠) 해야 합니다. 그리고 몸이 약한 어린이, 노인은 먼지가 많은 곳을 피해야 합니다.

65. (㉠) 에 들어갈 알맞은 말을 고르십시오. (2점)

① 보게

② 들어오게

③ 찾아오지 못 하게

④ 들어오지 못 하게

66. 이 글의 내용과 같은 것을 고르십시오. (3점)

① 공기에는 눈에 보이는 먼지만 있습니다.

② 건강한 사람은 먼지를 마셔도 괜찮습니다.

③ 먼지를 많이 마시지 않도록 주의해야 합니다.

Have a nice day.

From, Nara Bank , Jin Ju Kim

63. Why Jin-ju write this message? (2 points)

① To change a new card.

② She is giving information about a new credit card.

③ To apply a new credit card.

④ To send a new credit card.

64. Choose the same option of this passage. (3 points)

① For any inquiry, you have to contact with Jin-ju Kim, who works at the post office.

② If you purchase over 300,000 won per month with your credit card, you can use the bus or subway for free anytime.

③ Every person who applied for a credit card will receive 5% discount on subway fee or bus fee.

④ If you purchase over 300,000 won per month with your credit card, you will get 5% off at the 'haha' beauty salon.

[65~66]

There is a lot of invisible dust in the air from different everyday pollutants is not good for your health, and may even cause various diseases. So, you should wear a mask or a handkerchief (   ) from breathing in dust. Older people and young children should avoid dusty areas.

65. Fill in the blank. (3 points)

① to show around   ② to come into

③ not to visit   ④ to keep yourself

*들어오지 못하다: ~not to come into

66. Choose the same option of this passage. (3 points)

① There is only visible dust in the air.

② Healthy people will be okay breathing in dust.

③ You need to be careful that you do not breath in

④ 특히 몸이 약한 사람은 먼지가 많은 곳을 가야 합니다.

dust.
④ Weak people should go to a dusty area.

[67~68] 다음을 읽고 물음에 답하십시오. (각 3점)

친구와 제주도로 여행을 가려고 계획을 세웠습니다. 여행 기간과 장소, 날짜를 결정하고, 호텔도 알아봤습니다. 여행사로 전화를 걸어 그날 비행기표가 있는지 물어봤습니다. 그런데 그 날 제주도로 가는 표는 (㉠) 팔렸습니다. 우리는 계획을 바꿔서 배를 타고 제주도에 (㉡).

[67~68] (3 points each)

I decided to go on a trip to Jeju island with my friend, so I chose the dates of our trip and the hotel that we would stay in. I wanted to book our flight, but all the plane tickets to Jeju were (㉠) sold out. So, we changed our plan and (㉡) Jeju by ship.

67. (㉠)에 들어갈 알맞은 말을 고르십시오.

① 아마　　② 미리　　③ 모두　　④ 아직

67. Fill in the blank (㉠).

① are　　② in advance　③ entirely　　④ not yet

68. (㉡)에 들어갈 알맞은 말을 고르십시오.

① 가기로 했습니다
② 막기로 했습니다
③ 미루기로 했습니다
④ 멈추기로 말했습니다

68. Fill in the blank (㉡).

① decided to go to
② decided to prevent
③ decided to delay
④ decided to stop

[69~70] 다음을 읽고 물음에 답하십시오. (각 3점)

안경을 (㉠) 때는 유행만을 따르지 않고 자기 얼굴 모양에 맞는 것으로 찾아야 합니다. 왜냐하면 유행하는 안경이 나에게 어울리지 않을 수 있기 때문입니다. 또 안경을 고를 때는 안경점에서 여러 가지 종류의 안경을 써 봐야 합니다. 안경의 무게도 이때 확인할 수 있습니다. 이렇게 고른 안경은 인상을 좋게 만들고 머리 모양이나 옷과도 잘 어울릴 것입니다.

69. (㉠)에 들어갈 알맞은 말을 고르십시오.

① 닦을　　② 고를　　③ 포장할　　④ 선물할

When you (㉠) your glasses, you should not only follow fashions but also consider your face's shape. Sometimes trendy glasses will not work for you. When you choose your glasses in the optical store, you should try on several different styles. In that moment, you can check glasses' weight. If you choose glasses like this way, it will make a good impression and be a good match for your hair and clothes as well.

69. Fill in the blank (㉠).

① clean　　② choose　　③ wrap　　④ present to

---

70. 이 글의 내용으로 알 수 있는 것은 무엇입니까?

① 안경은 무거운 것이 좋은 것입니다.
② 안경은 유행하는 것을 사는 것이 좋습니다.
③ 안경을 쓴다고 인상을 좋게 만들 수 없습니다.
④ 안경을 살 때는 얼굴에 맞는 것을 사는 것이 좋습니다.

70. What do we know from the passage?

① Good glasses are heavy one.
② You should buy trendy glasses.
③ The glasses don't make your good impression.
④ When you buy your glasses, you should

consider the shape of your face.

3회 모의고사

31	32	33	34	35	36	37	38	39	40
①	③	④	②	③	①	③	④	①	②
41	42	43	44	45	46	47	48	49	50
④	④	③	③	③	③	④	①	②	③
51	52	53	54	55	56	57	58	59	60
②	④	①	①	①	④	④	④	③	④
61	62	63	64	65	66	67	68	69	70
②	③	④	②	①	③	①	②	①	②

[31~33] 무엇에 대한 이야기입니까? 보기와 같이 알맞은 것을 고르십시오.

〈보기〉

열이 납니다. 목도 아픕니다.

❶ 감기　　② 상처　　③ 병　　④ 배탈

[31~33] What does each passage describe? Like the example, choose the best answer.

<example>

I have a fever and sore throat.

❶ Cold　　　② Wound
③ Desease　　④ Upset stomach

---

31. (2점)

번호를 누릅니다. 친구와 이야기합니다.

① 전화　　② 약속　　③ 취미　　④ 배달

31. (2 points)

I dial numbers and talk to my friends.

① Telephone　　② Appointment
③ Hobby　　④ Delivery (service)

---

32. (2점)

케이크를 살 겁니다. 선물도 준비합니다.

① 집들이　　② 입학　　③ 생일　　④ 졸업

31. (2 points)

I will buy a cake and prepare present.

① house warming party
② entrance into a school
③ Birthday
④ graduation

33. (3점)

저는 베트남 사람입니다. 선생님입니다.

① 이름　　　② 나라　　　③ 직업　　　④ 소개

33. (3 points)

I am Vietnamese. I am a teacher.

① Name　　　② Nation
③ Job　　　④ Introduction

[34~39] 〈보기〉와 같이 빈칸에 제일 알맞은 것을 고르십시오.

〈보기〉

날씨가 춥습니다. ( )이 많이 붑니다.

① 눈　　　② 비　　　❸ 바람　　　④ 구름

[34~39] What does each passage describe? Like the example, choose the best answer.

<example>

The weather is cold. There is a lot of ( ) blowing.

① snow　　　② rain　　　❸ wind　　　④ cloud

34. (2점)

지하철로 공항( ) 갑니다.

① 은　　　② 에　　　③ 에서　　　④ 에게

34. (2 points)

I go the airport by subway.

① 은　　　② 에　　　③ 에서　　　④ 에게

35. (2점)

머리가 아픕니다. ( )에 갑니다.

① 공항　　　② 우체국　　　③ 병원　　　④ 학교

35. (2 points)

I have a headache. I go to the ( ).

① airport　　　② post office
③ hospital　　　④ school

36. (2점)

주말에 친구들과 영화관에 갔습니다. 우리는 재미있게 영화를 ( ).

① 봤습니다.　　　② 들었습니다.
③ 샀습니다.　　　④ 걸었습니다.

36. (2 points)

I went to a movie theater with my friends on the weekend. We had fun ( ) the movie.

① watching　　　② hearing
③ buying　　　④ walking

37. (3점)

저희 집은 회사에서 ( ). 그래서 이사를 하려고 합니다.

① 깁니다.　　　② 짧습니다.
③ 멉니다.　　　④ 가깝습니다.

37. (3 points)

I am going to move because my house is ( ) from my company.

① long　　　② short　　　③ far　　　④ near

38. (3점)

약속 시간에 ( ) 늦었습니다. 그래서 뛰어 갔습니다.

① 늘　　　② 오래　　　③ 일찍　　　④ 많이

38. (3 points)

I went running to my appointment, because I'm ( ) late.

① always　　　② long　　　③ early　　　④ very

39. (2점)

한국어로 이름을 (　). 할 수 있습니까?

① 쓰세요　　　　　　② 보세요.

③ 하세요　　　　　　④ 아세요.

[40~42] 다음을 읽고 맞지 <u>않는</u> 것을 <u>고르십시오.</u>

40. (3점)

"축구 대회를 합니다."

날짜 : 5월 20일 9:00~17:00

만나는 곳 : 한국초등학교 운동장

참가비 : 만 원

연락처 : 010–1234–5678

(비가 오면 축구 대회를 하지 않습니다.)

① 10,000원을 내야 합니다.

② 비가 오면 운동장에서 모입니다.

③ 한국 초등학교에서 축구를 합니다.

④ 저녁 5시까지 축구 대회를 합니다.

41. (3점)

라디오 시간

5시	어린이를 위한 옛날 이야기
6시	날씨
7시	노래 가요
8시	뉴스

① 5시부터 6시까지는 아이들을 위한 시간입니다.

② 6시부터 7시까지는 비나 눈 소식을 들을 수 있습니다.

③ 7시부터 한 시간 동안은 가수들이 나옵니다.

④ 8시부터 두 시간 동안은 재미있는 이야기를 들을 수 있습니다.

---

39. (2 points)

You should (　)your name in Korean. Can you do this?

① write　　　② watch　　　③ do　　　④ know

*—을 수 있다 : I can~

　—을 수 없다 : I can't

[40~42] Which of the following is not correct according to the article?

40. (3 points)

Let's have a soccer competition

Date : May 20

Time : 9:00 to 17:00

Meeting place : Hankuk Elementary School Playground

Cost : 10,000 won

Contact : 010-1234-5678

(If it rains, the event will be canceled.)

① You must pay 10,000 won for the event.

② If the weather is rainy, the event will take place in the play ground.

③ They play soccer in the Hankuk Elementary School.

④ The soccer competition ends at 5 p.m.

41.

Radio Schedule

5:00	A fairy tale for children
6:00	The weather
7:00	Music
8:00	The news

① From 5:00 to 6:00 is a time for children.

② From 6:00 to 7:00, You can listen to the weather-forcast.

③ During one hour, from 7:00, there is a singer.

④ During two hour from 8:00, you can hear an interesting story.

42. (2점)

피아노를 배워보세요!

즐겁게 피아노를 배워보세요. 월요일부터 토요일까지 하루 세 번 피아노 수업이 있습니다. 일요일은 수업이 없습니다. 수업 시간은 오전 9시부터 11시, 오후 1시부터 3시까지 입니다. 저녁 7시에는 노래와 함께 배우는 피아노 교실이 있으니 많은 관심바랍니다.

① 피아노 수업은 모두 3개입니다.
② 여기서 피아노를 배울 수 있습니다.
③ 일요일에는 피아노를 배울 수 없습니다.
④ 아침에는 피아노를 치면서 노래도 배울 수 있습니다.

42. (2 points)

Try learning how to play piano

Try learning how to play piano for fun. There are piano lessons three times a day from Monday to Saturday. There is no class on Sunday The class hours are from 9 a.m. to 11 am, and 1:00 p.m. to 3:00 p.m. There is also a class called "Learning Piano with Songs" at 7 p.m. There is no class on Sunday. Songs" at 7 p.m. We hope you find this interesting

① There are three piano classes.
② You can learn the piano at this place.
③ You cannot learn the piano on Sunday.
④ You can also learn sing a song with playing the piano in the morning.

43.

저는 요즘 기타를 배우러 다닙니다. 기타를 배운 지 3개월쯤 되어서 잘 치지는 못합니다. 그래도 기타를 치면서 노래를 부르는 것이 재미있습니다.

① 지금은 기타를 잘 칩니다.
② 3월부터 배우기 시작했습니다.
③ 기타를 칠 때 노래도 부릅니다.
④ 저는 기타를 혼자 연습했습니다

43.

I've recently been learning to play the guitar. It's been only three months since I began to learn, so I am still not very good at playing yet. I like to sing songs while I play.

① I am good at guitar.
② I have learned to play the guitar since March.
③ I sing while I play the guitar.
④ I practice guitar alone.

44.

저는 그림 그리는 것을 좋아합니다. 매일 몇 시간씩 그림을 그립니다. 그리고 일주일에 한 번씩 친구들과 모여서 그림을 그립니다. 친구들의 그림을 보기도 합니다. 이번 주 수요일에도 친구들과 그림을 그릴 것입니다.

① 저는 친구들을 그립니다
② 매주 한 번씩 그림을 그립니다.
③ 그림을 그리는 것이 저의 취미입니다.
④ 이번 주 목요일에도 친구들을 만날 것입니다.

44.

I like a drawing. Everyday I draw a picture for a few hours. Once a week, my friends and I draw a picture together. Sometimes we show each other our pictures as well. This Wednesday my friends and I will be drawing again.

① I draw my friends.
② I draw a picture once a week.
③ Drawing is my hobby.
④ This Thursday, I will meet my friends.

45.

다음 주는 휴가입니다. 저는 바다를 좋아합니다. 그래
서 부산에 있는 바다에 갈 것입니다. 일주일 동안 수
영도 하고 친구들과 사진도 많이 찍으려고 합니다.

① 부산은 바다의 이름입니다.
② 부산에서 사진을 찍었습니다.
③ 다음 주는 일을 하지 않습니다.
④ 부산에는 맛있는 요리가 많습니다.

45.

Next week I'll go on vacation. I like to go to the
sea. So, I will go to the sea in Busan. I plan to
be there for one week with my friends. I will go
swimming and take a lot of photos.

① Busan is the name of the sea.
② I took photos in Busan.
③ I do not work next week.
④ There are a lot of tasty dishes in Busan.

[46~48] 다음을 읽고 중심 생각을 고르십시오.

46. (3점)

집 앞에 러시아 식당이 있습니다. 자주 가서 만두와
고기를 먹습니다. 주인이 러시아 사람이라서 가끔 주
인과 러시아말로 이야기를 합니다.

① 저는 러시아 사람입니다.
② 저는 식당 주인과 친합니다.
③ 저는 러시아 음식을 좋아합니다.
④ 러시아 식당은 항상 만두를 팝니다.

[46~48] **What is the main topic of the passage?**

46. (3 points)

There is a Russian restaurant in front of my
house. I go there often to eat dumplings and meat.
Sometimes I talk to the Russian owner in Russian

① I am a Russian.
② I am friends with the Russian restaurant owner.
③ I like Russian food.
④ The Russian restaurant always sells dumplings.

---

47. (3점)

지난 일요일에 우리 가족은 모두 어머니를 도와 드렸
습니다. 아버지는 청소를 하고 저는 요리를 했습니다.
동생은 빨래를 했습니다. 어머니께서 정말 좋아하셨
습니다.

① 저는 김치찌개를 만들었습니다.
② 어머니는 동생을 정말 좋아하십니다.
③ 동생은 어머니의 옷을 사 드렸습니다.
④ 우리 가족이 집안일을 해서 어머니가 좋아하셨습니다.

47. (3 points)

Last Sunday, my family helped my mother.
My father cleaned up the house, I prepared
a meal, and my siblings did the laundry. My
mother was very happy.

① I made a kimchi stew.
② My mother loves my brother.
③ My siblings bought my mother clothes.
④ My mother liked that my family did the
housework.

---

48. (2점)

어제 저녁에 김치와 설렁탕을 먹었습니다. 아침에는
된장찌개와 밥을 먹었고 점심에는 김밥을 먹었습니
다. 오늘 저녁에는 삼겹살을 먹을 것입니다.

① 어제 김치를 만들었습니다.
② 저는 한국 요리를 좋아합니다.

48. (2 points)

Last night, I ate kimchi and Seolleongtang. This
Morning I ate doenjang stew, and at lunch I ate
gimbab. This evening I will eat samgyeobsal.

* Doenjang stew : bean paste pot stew.

③ 저녁에 시장에서 고기를 샀습니다.
④ 오늘 오후에 요리를 배우러 갈 것입니다.

* Seolleongtang : beef bone soup.

* Samgyeobsal : part of pork

① I made Kimchi yesterday.

② I like Korean food.

③ I bought meat at the market in the evening.

④ I will go to cooking class in the afternoon.

[49~50] 다음을 읽고 물음에 답하십시오. (각 2점)

일본에 계신 어머니께서 소포를 보내셨습니다. 소포 안에는 제가 좋아하는 과자와 가방이 들어 있었습니다. 어머니는 제가 어릴 때도 가방을 만들어 주셨습니다. 그래서 어머니의 가방은 (㉠).

49. (㉠)에 들어갈 알맞은 말을 고르십시오.

① 어머니가 만듭니다.
② 제게 매우 특별합니다.
③ 어머니가 매우 좋아하십니다.
④ 항상 안에 좋아하는 과자가 있습니다.

[49~50] (2 points each)

My mother sent a parcel to me from Japan. There are my favorite cookies and a bag in it. When I was a little child, my mother made a bag for me, so my mother's bags (㉠).

49. Fill in the blank (㉠).

① Iare made by mother.

② are so special to me.

③ loved by my mother.

④ always have some cookies in there.

---

50. 이 글의 내용과 같은 것을 고르십시오

① 제가 가방을 만들었습니다.
② 어머니에게 택배를 보냈습니다.
③ 어머니께서 가방을 만드셨습니다.
④ 어머니께서 과자를 만드셨습니다.

50. Choose the same option of this passage.

① I made a bag.

② I sent a package to my mother.

③ My mother made a bag for me.

④ My mother made cookies.

[51~52] 다음을 읽고 물음에 답하십시오. (각 2점)

오늘은 방을 같이 쓰는 친구 란 씨의 생일입니다. 우리는 케이크와 풍선 그리고 장미꽃도 준비했습니다. 학교가 끝나고 란 씨가 왔습니다. 우리는 케이크도 먹고 노래도 불렀습니다. 란 씨도 즐거워하고 우리도 (㉠).

51. (㉠)에 들어갈 알맞은 말을 고르십시오.

① 고맙습니다.
② 기분이 좋았습니다.
③ 마음이 아팠습니다.
④ 기분이 바뀌었습니다.

[51~52] (2 points each)

Today is my roommate Ran's birthday. We prepared roses, balloons and a cake. When school is over, Ran came to home. We ate the cake and sang a song. Ran was excited and we also(㉠).

51. Fill in the blank (㉠).

① thank you   ② were feeling good
③ in pain.   ④ feeling changed

52. 무엇에 대한 이야기입니까? 알맞은 것을 고르십시오.

① 생일에 해야 할 일
② 친구와 먹는 케이크
③ 같이 방을 쓰는 모임 만들기
④ 친구가 태어난 날을 축하하기

52. What is the passage mainly about?

① What must be done during a birthday.
② Eating a cake with a friend.
③ Having a meeting for roommates.
④ Celebrating a friend's birthday.

[53~54] 다음을 읽고 물음에 답하십시오.

저는 다른 사람에게 화를 내기 보다 웃어 주려고 합니다. 그러면 그 사람도 저에게 더 친절하게 말해 줍니다. 예를 들어, 저는 아이가 이를 안 닦으려고 하면 화를 내지 않고 웃으면서 이야기 합니다. (   ). 그러면 아이도 웃으면서 이를 닦으러 갑니다. 어른도 이와 같습니다. 앞으로는 다른 사람에게 화를 내면서 말하려고 하기 전에 한 번 웃어 보세요.

[53~54]

If you smile at others rather than getting angry, they will respond to you more kindly. For example, when my son doesn't want to brush his teeth, I might say, (   ) with smile instead of get angry. Then he will go to brush his teeth with a smile too. Adults should do the same with each other. Please try to smile before you say something critically.

53. (   )에 알맞은 말을 고르십시오. (2점)

① "이를 닦을 시간이다."
② "이를 안 닦으면 혼난다."
③ "손을 자주 닦으면 건강해진다."
④ "나는 네가 화를 안 냈으면 좋겠다."

53. Fill in the blank. (2 points)

① It is time to brush your teeth.
② "If you don't brush your teeth, you will be punished."
③ "If you wash your hands regularly, you will have healthy body."
④ "I hope you won't be angry with me."

54. 이 글의 내용과 같은 것을 고르십시오. (3점)

① 화 내기 전에 웃으며 이야기합시다.
② 아이에게 웃어 줄 필요가 없습니다.
③ 아이들은 모두 이를 닦기 싫어합니다.
④ 사람들과 일을 같이 하고 싶으면 계속 웃어 주어야 합니다.

54. Choose the same option of this passage (3 points)

① let's talk with smile before getting angry.
② You don't need smiling to your children.
③ Every child doesn't like to brush their teeth.
④ If you want to work with other people, you should keep smile them.

[55~56] 다음을 읽고 물음에 답하십시오.

미영아!

학교 앞에 있는 하마 커피숍에서 만나자. 점심으로 커피, 샌드위치와 네가 좋아하는 아이스크림도 먹자. (   ) 쓰기 숙제도 하자. 숙제를 하고 나서 서로 틀린 것도 고쳐 주면 좋을 것 같아. 숙제가 끝나면 선생님 이메일로 숙제를 보내자.

— 민수 —

[55~56]

Miyung!

Let's meet at the Hama coffee shop in front of our school. We can grab sandwiches, coffee, and your favorite ice cream for lunch. (   ), let's do the writing assignment as well. Then, let's check each other's work for grammatical errors. When we finish our homework, we will

55. ( )에 들어갈 알맞은 말을 고르십시오. (2점)

① 그리고　　② 그러나　　③ 그런데　　④ 그래서

send an e-mail to our teacher.

- Minsu -

55 . Fill in the (   ). (2 points)

① And　　　　　② But
③ By the way　　④ So

---

56. 이 글의 내용과 같은 것을 고르십시오. (3점)

① 두 사람은 도서관에 갈 것입니다.
② 두 사람은 함께 저녁을 먹으려고 만납니다.
③ 두 사람은 만나서 읽기 숙제를 할 것입니다.
④ 하마 커피숍에서는 커피와 아이스크림을 팝니다.

56. Choose the same option of this passage (3 points)

① The two people are going to the library.
② Two people will meet because they want to eat dinner together.
③ Two people are going to do their reading assignment.
④ The hama coffee shop sells ice cream and coffee.

[57~58] 다음을 순서대로 맞게 나열한 것을 고르십시오.

57. (2점)

(가) 저는 일주일에 세 번 수영을 합니다.
(나) 그 다음에 준비 운동을 합니다.
(다) 수영이 끝나고 나서 샤워를 합니다.
(라) 수영장에 가면 먼저 옷을 갈아 입습니다

① (가) - (나) - (다) - (라)
② (가) - (나) - (라) - (다)
③ (가) - (다) - (라) - (나)
④ (가) - (라) - (나) - (다)

[57~58] Choose the right arrangement of the option.

57. (2 points)

(Ka) I swim three times a week.
(Na) Then, I do a warm-up in the swimming pool.
(Da) When I am done swimming, I take a shower.
(Ra) I changed my clothes when I arrived at the swim-ming pool.

① (ka)-(Na)-(Da)-(Ra)
② (Ka)-(Na)-(Ra)-(Da)
③ (Ka)-(Da)-(Ra)-(Na)
④ (Ka)-(Ra)-(Na)-(Da)

---

58. (3점)

(가) 하얀 옷과 까만 옷을 따로 빱니다.
(나) 주머니에 아무 것도 없는지 봅니다.
(다) 옷을 다리미로 잘 다립니다.
(라) 햇볕에 옷을 잘 말립니다.

① (나) - (다) - (라) - (가)
② (나) - (라) - (다) - (가)
③ (나) - (라) - (가) - (다)
④ (나) - (가) - (라) - (다)

58. (3 points)

(Ka) I wash my black and white clothes separately.
(Na) I check that there is nothing in the pockets.
(Da) I iron my clothes.
(Ra) I dry my clothes in the sun.

① (Na)-(Da)-(Ra)-(Ga)
② (Na)-(Ra)-(Da)-(Ka)
③ (Na)-(Ra)-(Ka)-(Da)
④ (Na)-(Ka)-(Ra)-(Da)

[59~60] 다음을 읽고 물음에 답하십시오.

오늘 처음으로 운전을 해서 친구 집에 갔습니다. 집에서 지도를 보고 운전을 시작했습니다. (㉠) 그러나 집에서 오른쪽으로 가야 하는데 왼쪽으로 갔습니다. 너무 놀라서 길을 잊었습니다. (㉡) 다시 집으로 와서 아버지에게 길을 물어보았습니다. (㉢) 오늘은 처음이라서 잘 못했지만 내일은 운전을 더 잘 할 수 있을 것입니다. (㉣)

59. 다음 문장이 들어갈 곳을 고르십시오. (2점)

그래서 길은 알게 되었지만 찾아가는 것은 쉽지 않았습니다.

① ㉠　　　② ㉡　　　③ ㉢　　　④ ㉣

60. 이 글의 내용과 같은 것을 고르십시오. (3점)

① 저는 운전을 잘 합니다.
② 운전은 재미가 없습니다.
③ 저는 이제 운전을 못할 것입니다.
④ 아버지는 친구 집에 가는 길을 아십니다.

[61~62] 다음을 읽고 물음에 답하십시오. (각 2점)

61. ( )에 들어갈 알맞은 말을 고르십시오.

오늘 오후에 아이를 데리러 학교에 갔습니다. 한국 초등학교는 학교 안에 큰 운동장이 있습니다. 우리 아이는 가끔 거기서 다른 아이들과 축구를 합니다. 아이는 저를 보자 ( ) 뛰어 왔습니다. 그리고 저와 함께 집에 와서 샤워를 하고 저녁을 먹었습니다.

① 울며
② 웃으며
③ 놀라서
④ 화를 내며

[59~60]

Today, I drove to my friend's house alone for the first time, but everything went wrong. I checked a map at home before leaving. (㉠) But, I turned the wrong way leaving my home. I became frightened because I lost my way. (㉡) I came back to my home again and asked my father for directions. (㉢) It took me a very long time to arrive, but it's alright because it was my first time. (㉣). Maybe I will do better driving tomorrow.

59. Choose the best place to put the following statement. (2 points)

So I realized how to get there, but it wasn't easy to find the house.

① ㉠　　　② ㉡　　　③ ㉢　　　④ ㉣

60. Choose the same option of this passage. (3 points)

① I am a good driver.
② Driving is boring for me.
③ I guess I cannot drive anymore.
④ My father knows the directions to go to my friend's house.

[61~62] (2 points each)

61. Fill in the blank.

I took my child to school this afternoon. There is a large playground at The Hankuk Elementary School. My child plays soccer with other children occasionally. When he sees me, he runs to me ( ). Then, we go home, he takes a shower, and we eat dinner together.

① crying　　　　② smiling
③ surprised　　　④ angrily

62. 이 글의 내용과 같은 것을 고르십시오.

① 아이는 집에 와서 간식을 먹었습니다.
② 저는 선생님을 만나러 학교에 갔습니다.
③ 저는 운동장에 있는 아이를 데려왔습니다.
④ 아이는 운동장에서 농구를 하고 있었습니다.

62. Choose the same option of this passage.

① My child came home e and eats a snack.
② I went to the school to meet the teacher.
③ I brought my child from the playground.
④ My child plays basketball in the playground.

[63~64] 다음을 읽고 물음에 답하십시오.

받는 사람 songee@river.com
제목: 저희 결혼식에 와 주셔서 감사합니다.
보낸 사람: kmg1412@river.com

선생님 안녕하세요. 저희 결혼식에 와 주셔서 감사합니다. 또 좋은 말씀도 감사합니다. 그런데 그날은 결혼식에 사람이 많아서 감사 인사도 잘 못 드렸습니다. 저희는 신혼 여행에서 어제 돌아왔습니다. 선생님께 드릴 작은 선물을 사 왔는데 찾아 뵙고 인사 드리고 싶습니다. 편하신 날짜를 알려주시면 그날 찾아뵙겠습니다. 감사합니다.

서정인 올림

[63~64]

To : songee@river.com
Title : Thank you for coming to our wedding:
From : kmg1412 @ river. com
Dear Teacher,

Hello!
Thank you for coming to our wedding and thank you for your good speech. There were so many people at the wedding, which is why I couldn't speak much to you. I came back from my honeymoon yesterday. I bought a small gift for you, and I would like to come bring it to you and chat with you. Please let me know when is convenient for you, and I will go and meet you on that day. Thank you.

Best,
Jongin Seo

63. 정인 씨는 왜 이 글을 썼습니까? (2점)

① 신혼 여행에서 돌아와서
② 선생님과 만날 약속을 잊어서
③ 선생님을 결혼식에 초대하려고
④ 선생님께 감사 인사를 드리려고

63. Why did Jongin write this message? (2 points)

① Because she came back from her honeymoon.
② Because she forget about an appointment with her teacher.
③ Because she wanted to invite her teacher to the wedding.
④ Because she wants to say thank you to her teacher.

---

64. 이 글의 내용과 같은 것을 고르십시오. (3점)

① 정인 씨는 아직 결혼하지 않았습니다.
② 선생님은 정인 씨의 결혼식에 오셨습니다.
③ 선생님과 만날 장소는 정인 씨의 집입니다.
④ 정인 씨는 결혼식 전에 선물을 준비했습니다.

64. Choose the same option of this passage (3 points)

① Jongin has not married yet.
② The teacher came to Jongin's wedding.
③ Jongin will meet her teacher in her house.
④ Jongi prepared a gift for her teacher before the wedding.

[65～66] 다음을 읽고 물음에 답하십시오.

겨울에는 감기에 걸리는 사람이 많습니다. 감기에 걸리면 코나 목이 아파서 일도 잘 못하게 됩니다. 그럼, 감기에 걸리지 않으려면 어떻게 해야 할까요? 먼저 집 안을 너무 따뜻하게 하는 것은 좋지 않습니다. ( ) 밖에 나갔을 때 더 춥게 느껴지기 때문입니다. 또 밖에 나갈 때는 목도리나 마스크를 하고 집 안에서는 따뜻한 차와 과일을 자주 먹어야 합니다.

65. ( )에 들어갈 알맞은 말을 고르십시오. (2점)

① 얼마나
② 그러나
③ 왜냐하면
④ 덕분에

66. 이 글의 내용과 같은 것을 고르십시오. (3점)

① 따뜻한 차는 감기에 좋습니다.
② 집이 따뜻하면 감기에 덜 걸립니다.
③ 감기에 걸리면 목도리를 해야 합니다.
④ 날씨가 추워지면 과일을 많이 먹어야 합니다.

[67～68] 다음을 읽고 물음에 답하십시오. (각 3점)

어제 친구들과 관악산에 갔습니다. 관악산은 아주 높은 산은 아닙니다. 그래도 여행을 위해서 (㉠) 신발과 수건, 물 등을 준비했습니다. 봄이어서 산에는 꽃이 많이 피었습니다. 사진을 찍고 오후 2시쯤 산에서 내려왔습니다. 다음 주말에 또 친구들과 (㉡)

67. (㉠)에 들어갈 알맞은 말을 고르십시오.

① 편한   ② 무거운   ③ 쉬운   ④ 밝은

[65~66]

65. Fill in the blank. (2 points)

People often catch a cold in the winter. If you get a cold, you can't work well because you may have a sore neck and a runny nose. So, what can we do not to catch a cold? Firstly, your house should not be too warm. When it is very ( ) in your house,you will feel very cold outside. Secondly, you should wear a mask or scarf when you go outside. Lastly, you should eat a lot of fruit and drink hot tea.

① Hot   ② Warm   ③ Cold   ④ Cool

66. Choose the same option of this passage. (3 points)

① Warm tea is good for a cold.
② If you get a cold you should wear a shawl or scarf.
③ If your house is warm, there is less chance to get a cold.
④ When the weather becomes cold, you should eat a lot of fruit.

[67~68] (3 points each)

Yesterday, I went to Gwanak mountain with my friends. It is not a very high mountain, but I've prepared towels, (㉠) shoes, and water for the trip. There were blooming flowers everywhere on the mountain because it is spring. We took a picture, and then came down from the mountain around 2 p.m. Next weekend, (㉡) with my friends.

67. Fill in the blank (㉠).

① comfortable   ② heavy
③ easy   ④ bright

68. (ⓛ)에 알맞은 것을 고르십시오.

① 산에 갔습니다.
② 산에 갈 것입니다.
③ 산에 가도 됩니다.
④ 산에 간 적이 있습니다.

68. Fill in the blank (ⓛ).

① I went to the mountain.
② I will go to the mountain.
③ I can go to the mountain.
④ I have been to the mountain.

[69~70] 다음을 읽고 물음에 답하십시오. (각 3점)

저와 가장 친한 친구의 이름은 김은정입니다. 은정이는 키가 저와 비슷해서 학교에서 항상 옆에 앉습니다. 또 저와 좋아하는 것도 똑같아서 학교가 끝나면 같이 운동도 하고 쇼핑도 합니다. 은정이는 요리를 잘해서 가끔 저에게 맛있는 음식을 만들어 줍니다. 어제도 학교가 끝나고 나서 은정이가 (㉠) 볶음밥을 먹었습니다. 앞으로도 오랫동안 은정이와 친하게 지내고 싶습니다.

[69~70] (3 points each)

My best friend's name is EunJung Kim. She is almost the same height as me. Eunjung always sit next to me at school. Also, she likes to do the same things as me. When school is over, we go exercise and shopping together. Eunjeong is a good cook so sometimes she makes(cooks) delicious food for me. Yesterday, when school was over, I ate fried rice (㉠) Jung-eun. I would love to be friends with Eunjung for a long time.

69. (㉠)에 알맞은 것을 고르십시오.

① 만든　　② 먹은　　③ 끓인　　④ 자른

69. Fill in the blank (㉠).

① made by　　② eaten
③ boiled　　④ chopped

70. 이 글의 내용으로 알 수 있는 것은 무엇입니까?

① 저에게는 동생이 없습니다.
② 은정이와 저는 친한 친구입니다.
③ 저와 은정이는 옆 학교에 다닙니다.
④ 저는 항상 은정이와 저녁을 먹습니다.

70. What do we know from the passage?

① I don't have younger sister.
② Eunjung is my best friend.
③ I go to school next to the Eunjung's school.
④ I always eat dinner with Eunjung.

실전 모의 고사
TOPIK I
듣기, 읽기

성 명 (Name)	한 국 어 (Korean)	
	영 어 (English)	

수 험 번 호

					7						

※결 시 확인란 — 결시자의 영어 성명 및 수험번호 기재 후 표기

※답안지 표기 방법(Marking examples)

바른 방법(Correct)	바르지 못한 방법(Incorrect)
●	✓ · ◐ ⊗

※ 위 사항을 지키지 않아 발생하는 불이익은 응시자에게 있습니다.

※감독관 확인 — 본인 및 수험번호 표기가 정확한지 확인 (인)

번호	답 란	번호	답 란	번호	답 란	번호	답 란
1	① ② ③ ④	21	① ② ③ ④	41	① ② ③ ④	61	① ② ③ ④
2	① ② ③ ④	22	① ② ③ ④	42	① ② ③ ④	62	① ② ③ ④
3	① ② ③ ④	23	① ② ③ ④	43	① ② ③ ④	63	① ② ③ ④
4	① ② ③ ④	24	① ② ③ ④	44	① ② ③ ④	64	① ② ③ ④
5	① ② ③ ④	25	① ② ③ ④	45	① ② ③ ④	65	① ② ③ ④
6	① ② ③ ④	26	① ② ③ ④	46	① ② ③ ④	66	① ② ③ ④
7	① ② ③ ④	27	① ② ③ ④	47	① ② ③ ④	67	① ② ③ ④
8	① ② ③ ④	28	① ② ③ ④	48	① ② ③ ④	68	① ② ③ ④
9	① ② ③ ④	29	① ② ③ ④	49	① ② ③ ④	69	① ② ③ ④
10	① ② ③ ④	30	① ② ③ ④	50	① ② ③ ④	70	① ② ③ ④
11	① ② ③ ④	31	① ② ③ ④	51	① ② ③ ④		
12	① ② ③ ④	32	① ② ③ ④	52	① ② ③ ④		
13	① ② ③ ④	33	① ② ③ ④	53	① ② ③ ④		
14	① ② ③ ④	34	① ② ③ ④	54	① ② ③ ④		
15	① ② ③ ④	35	① ② ③ ④	55	① ② ③ ④		
16	① ② ③ ④	36	① ② ③ ④	56	① ② ③ ④		
17	① ② ③ ④	37	① ② ③ ④	57	① ② ③ ④		
18	① ② ③ ④	38	① ② ③ ④	58	① ② ③ ④		
19	① ② ③ ④	39	① ② ③ ④	59	① ② ③ ④		
20	① ② ③ ④	40	① ② ③ ④	60	① ② ③ ④		

실전 모의 고사
TOPIK I
듣기, 읽기

성 명 (Name)	한 국 어 (Korean)	
	영 어 (English)	

수 험 번 호
7

| ※결 시 확인란 | 결시자의 영어 성명 및 수험번호 기재 후 표기 | |

※답안지 표기 방법(Marking examples)	
바른 방법(Correct)	바르지 못한 방법(Incorrect)

※ 위 사항을 지키지 않아 발생하는 불이익은 응시자에게 있습니다.

| ※감독관 확인 | 본인 및 수험번호 표기가 정확한지 확인 | (인) |

번호	답 란	번호	답 란	번호	답 란	번호	답 란
1	① ② ③ ④	21	① ② ③ ④	41	① ② ③ ④	61	① ② ③ ④
2	① ② ③ ④	22	① ② ③ ④	42	① ② ③ ④	62	① ② ③ ④
3	① ② ③ ④	23	① ② ③ ④	43	① ② ③ ④	63	① ② ③ ④
4	① ② ③ ④	24	① ② ③ ④	44	① ② ③ ④	64	① ② ③ ④
5	① ② ③ ④	25	① ② ③ ④	45	① ② ③ ④	65	① ② ③ ④
6	① ② ③ ④	26	① ② ③ ④	46	① ② ③ ④	66	① ② ③ ④
7	① ② ③ ④	27	① ② ③ ④	47	① ② ③ ④	67	① ② ③ ④
8	① ② ③ ④	28	① ② ③ ④	48	① ② ③ ④	68	① ② ③ ④
9	① ② ③ ④	29	① ② ③ ④	49	① ② ③ ④	69	① ② ③ ④
10	① ② ③ ④	30	① ② ③ ④	50	① ② ③ ④	70	① ② ③ ④
11	① ② ③ ④	31	① ② ③ ④	51	① ② ③ ④		
12	① ② ③ ④	32	① ② ③ ④	52	① ② ③ ④		
13	① ② ③ ④	33	① ② ③ ④	53	① ② ③ ④		
14	① ② ③ ④	34	① ② ③ ④	54	① ② ③ ④		
15	① ② ③ ④	35	① ② ③ ④	55	① ② ③ ④		
16	① ② ③ ④	36	① ② ③ ④	56	① ② ③ ④		
17	① ② ③ ④	37	① ② ③ ④	57	① ② ③ ④		
18	① ② ③ ④	38	① ② ③ ④	58	① ② ③ ④		
19	① ② ③ ④	39	① ② ③ ④	59	① ② ③ ④		
20	① ② ③ ④	40	① ② ③ ④	60	① ② ③ ④		

실전 모의 고사
TOPIK I
듣기, 읽기

성 명 (Name)	한 국 어 (Korean)	
	영 어 (English)	

수 험 번 호

※결 시
확인란 · 결시자의 영어 성명 및 수험번호 기재 후 표기 ○

※답안지 표기 방법(Marking examples)

바른 방법(Correct)	바르지 못한 방법(Incorrect)
●	☑ ⊙ ◑ ⊗ ✗

※ 위 사항을 지키지 않아 발생하는 불이익은 응시자에게 있습니다.

※감독관
확 인 · 본인 및 수험번호 표기가 정확한지 확인 (인)

번호	답 란	번호	답 란	번호	답 란	번호	답 란
1	① ② ③ ④	21	① ② ③ ④	41	① ② ③ ④	61	① ② ③ ④
2	① ② ③ ④	22	① ② ③ ④	42	① ② ③ ④	62	① ② ③ ④
3	① ② ③ ④	23	① ② ③ ④	43	① ② ③ ④	63	① ② ③ ④
4	① ② ③ ④	24	① ② ③ ④	44	① ② ③ ④	64	① ② ③ ④
5	① ② ③ ④	25	① ② ③ ④	45	① ② ③ ④	65	① ② ③ ④
6	① ② ③ ④	26	① ② ③ ④	46	① ② ③ ④	66	① ② ③ ④
7	① ② ③ ④	27	① ② ③ ④	47	① ② ③ ④	67	① ② ③ ④
8	① ② ③ ④	28	① ② ③ ④	48	① ② ③ ④	68	① ② ③ ④
9	① ② ③ ④	29	① ② ③ ④	49	① ② ③ ④	69	① ② ③ ④
10	① ② ③ ④	30	① ② ③ ④	50	① ② ③ ④	70	① ② ③ ④
11	① ② ③ ④	31	① ② ③ ④	51	① ② ③ ④		
12	① ② ③ ④	32	① ② ③ ④	52	① ② ③ ④		
13	① ② ③ ④	33	① ② ③ ④	53	① ② ③ ④		
14	① ② ③ ④	34	① ② ③ ④	54	① ② ③ ④		
15	① ② ③ ④	35	① ② ③ ④	55	① ② ③ ④		
16	① ② ③ ④	36	① ② ③ ④	56	① ② ③ ④		
17	① ② ③ ④	37	① ② ③ ④	57	① ② ③ ④		
18	① ② ③ ④	38	① ② ③ ④	58	① ② ③ ④		
19	① ② ③ ④	39	① ② ③ ④	59	① ② ③ ④		
20	① ② ③ ④	40	① ② ③ ④	60	① ② ③ ④